Jürgen Barth

Erst mal bis zur nächsten Kuh …

Ein Karlsruher Pfarrer auf dem Jakobsweg

Conques

Moissac

SANTIAGO

Ponferrada Astorga LEON

Ostabat
ST-JEAN-PIED-DE-POR
Pamplona

BURGOS Logroño

Jürgen Barth

Erst mal bis zur nächsten Kuh …

Ein Karlsruher Pfarrer
auf dem Jakobsweg

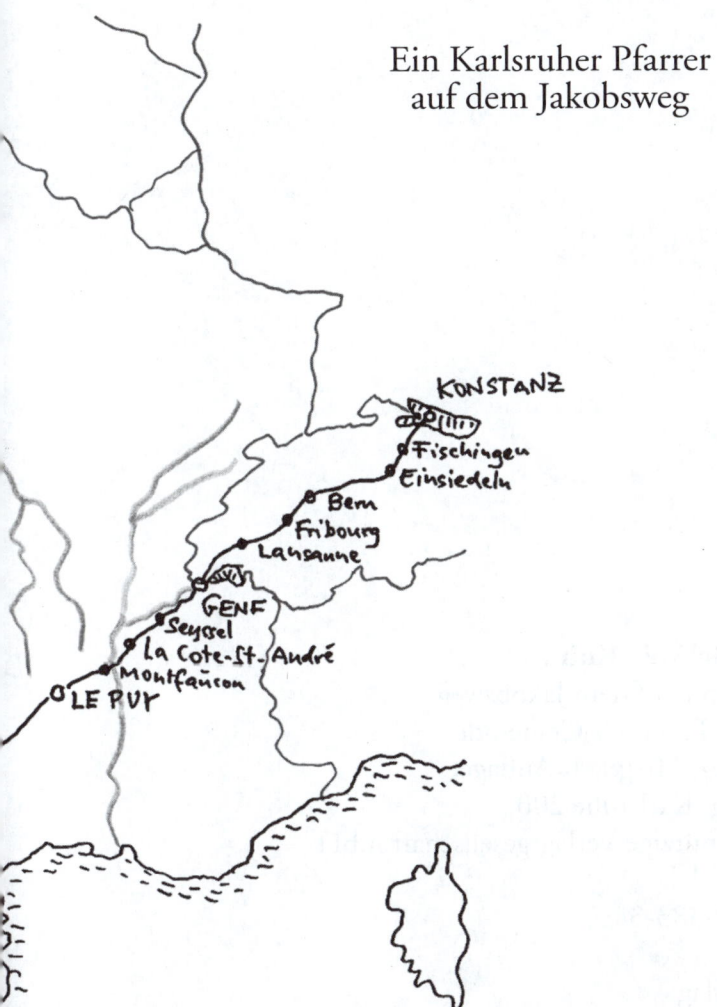

Herausgegeben von der
Karl-Friedrich-Gemeinde Karlsruhe-Mühlburg

Erst mal bis zur nächsten Kuh …
Ein Karlsruher Pfarrer auf dem Jakobsweg
Jürgen Barth; Karl-Friedrich-Gemeinde
Karlsruhe-Mühlburg (Hrsg.), 1. Auflage,
Hans Thoma Verlag, Karlsruhe 2007
PV-Medien gemeinnützige Verlagsgesellschaft mbH

ISBN 978-3-87210-383-3

Gestaltung und Satz: Perfect Page

Inhaltsverzeichnis

Inhaltsverzeichnis

KAPITEL

I.

Schweiz

Zaghafte Gedanken am Anfang

In Konstanz am Münster steht ein Wegweiser: 2340 km nach Santiago de Compostella. Ich sitze am Abend im Gasthaus „Zum Kreuz" auf der Insel Reichenau und habe ein schales Gefühl. Es ist der 13. Mai, und am nächsten Morgen will ich mich auf den Weg machen, zu Fuß und ganz allein, nicht nur ein paar Tage, sondern so weit die Füße tragen, bis nach Santiago de Compostella, am Rande des Ozeans. Einfach aussteigen, Abstand gewinnen von allem, nicht nur funktionieren, sondern spüren, dass ich lebe. Wo stehe ich in meinem Leben? Wo will ich hin? Was kommt noch? Worauf kommt es an?

„Irgendwann einmal werde ich zu Fuß nach Santiago gehen!" Seit Jahren rede ich davon, verschiebe es Jahr für Jahr. Man braucht Zeit dafür und auch ein wenig Geld. Vielleicht im Ruhestand?

Da fährt mir eines Tages ein heftiger Schmerz in den Rücken. Ein paar Tage nur, aber es sind Tage, in denen mir die eigenen Grenzen plötzlich schlagartig bewusst werden. Ich werde nicht immer fit sein. Und wesentliche Dinge im Leben soll man nicht verschieben auf den Sankt Nimmerleinstag.

„Du lachst gar nicht mehr wie früher", hat meine Frau zu mir gesagt eines Abends. Sie ist eine gute Beobachterin. Seit mehr als 25 Jahren bin ich Pfarrer in einer Gemeinde – und ich bin es gern. Aber manchmal spüre ich die Grenzen der Belastbarkeit. Ich habe das Empfinden, ständig mit laufendem Motor zu leben. Allzeit bereit. Und freie Tage oder der jährliche Urlaub bringen mich nicht zum wirklichen Abschalten, zum Abstand von allem. Man sollte mal aus der Rolle schlüpfen können, im wahrsten Sinne des Wortes „aus der Haut fahren". Wer bin ich eigentlich, wenn ich nicht der Pfarrer bin? Es ist Zeit, aufzubrechen. Nicht irgendwann, sondern jetzt. Doch jetzt, auf der Insel Reichenau, frage ich mich plötzlich, ob ich tatsächlich aufbrechen will für so lange Zeit. Ist es nicht doch eine verrückte Idee? Sollte ich nicht lieber zuhause bleiben, an den Baggersee fahren und die Füße ins Wasser hängen? Man kann ja auch nachdenken, wenn man irgendwo sitzt. Ich bin plötzlich schweigsam, und das Einzige, was ich essen kann an diesem Abend, ist eine Pfeffersuppe im Gasthaus „Zum Kreuz" auf der Insel Reichenau.

Pilgerpass

Auf der Insel Reichenau werden im Münster die Gebeine des Evangelisten Markus aufbewahrt. Der junge Mann, mit dem ich am Eingang des Klosterschatzes ins Gespräch komme, ist jedenfalls fest davon überzeugt. Ich denke darüber nicht nach und finde es eine schöne Route: von der geschichtsträchtigen Insel Reichenau mit ihren drei herrlichen romanischen Kirchen aufbrechen nach Santiago zum Grab des Jüngers Jakobus. Vom Evangelisten Markus zum Jünger Jakobus. Später, viel später, in Hospital de Órbigo wird mir jemand erzählen, der erste Jakobspilger sei doch vor tausend Jahren auch von der Insel Reichenau gekommen. Und ich lese es dann auch

8

schwarz auf weiß: In den Markusmirakeln vom Kloster Reichenau wird davon berichtet, 930 nach Christus. Aber davon weiß ich bei meinem Aufbruch noch nichts, wie ich vieles noch nicht weiß vom Camino, dem Jakobsweg.

In meinem Rucksack ist nur das Allernötigste. Einen Pilgerpass brauche man, habe ich im Internet gelesen, er sei die Voraussetzung für die Übernachtung in den Pilgerherbergen in Spanien. Aber ob ich überhaupt so weit kommen werde? Ich bastle mir erst mal selber einen Pilgerpass, ein kleines Vokabelheft aus dem Schreibwarengeschäft. Ich schreibe meinen Namen auf die erste Seite und klebe eine Postkarte mit dem „Engel der Auferstehung" aus dem Codex der Reichenauer Mönche auf die zweite Seite. Auferstehung – ein wenig ist das meine Hoffnung, dass mich dieser Engel berührt auf meinem Weg, mich aufrichtet, mir neue Perspektiven zeigt für mein Leben.

Um 11.23 Uhr kommt das Schiff, das mich über den See nach Konstanz fährt. Kurzer Abschied – einsteigen, winken und wegfahren. So war es ausgemacht. Und so machen wir es jetzt. Aber was mache ich da eigentlich? Der Zöllner in Kreuzlingen will meinen Ausweis sehen – er ist der Einzige auf der ganzen Reise. Als ich ihn frage, wo denn hier der Schweizer Jakobsweg beginnt, weiß er davon nichts. Aber bald entdecke ich die ersten Markierungen, und sie werden in verschiedener Form – als Wegweiser, weißrote Zeichen, gelber Pfeil, blaue Muschel – bis zum fernen Ziel zu finden sein. Eine großartige Sache, wenn man darüber nachdenkt: ein Weg quer durch Europa bis zum Ziel ausgeschildert! Es fängt bald zu regnen an. Nach den ersten zehn Kilometern bin ich schon nass bis auf die Haut.

Die Nacht in Märstetten

In Märstetten ist eine Pilgerherberge, die von Freiwilligen aus dem Ort versorgt wird, die einzige in der Schweiz. Das weiß ich aus meinem kleinen Reiseführer für den Schweizer Jakobsweg. Es ist ein schönes, großes Fachwerkhaus, und als ich ankomme, fangen grade die Glocken zu läuten an, die Glocken der Jakobskirche von Märstetten. Wenn das nicht ein gutes Zeichen ist!

So gehe ich erst mal zur Kirche und nicht zur Pilgerherberge. „Kommen Sie doch herein, es ist ein Konzert", sagt ein älterer Herr im schwarzen Anzug an der Kirchentür. „Und es kostet keinen Eintritt!" Musik aus dem Frühbarock – Heinrich Schütz vor allem, wunderschön. Ich sitze in der letzten Bank und streife unbemerkt meine Wanderschuhe von den müden Füßen. Aber dann sitze ich plötzlich auf glühenden Kohlen, male mir aus, ich käme nachher zur Pilgerherberge zurück und es sei kein Platz mehr frei. Bin ich eigentlich verrückt, ohne Quartier einfach ins Konzert zu gehen?

Aber als ich anschließend in der Pilgerherberge aufkreuze, bin ich der einzige Jakobspilger an diesem Tag. Das ganze Haus gehört mir! Im Wohnzimmer steht ein Regal mit Literatur zum Jakobsweg. Lauter Beschreibungen, wie toll das sei und wie viele Erfahrungen man da mache und so weiter. Ich blättere nur kurz darin, das alles reizt meine Nerven zum Widerstand. Ich habe wenig gelesen im Vorfeld dieser Reise. Fast haben mich die vielen Bücher, die ich seit einiger Zeit in den Buchhandlungen habe liegen sehen, dazu gebracht, überhaupt nicht den Jakobsweg zu gehen. Die Vorstellung von massenhaften Pilgerströmen, Wanderern mit Jakobsfähnchen, Muscheln und Jakobshemden schrecken mich ab wie jede Massenbewegung und jede Massenveranstaltung. Wo ich doch die Einsamkeit suche! Aber wie viel Einsamkeit ertrage ich?

Zehn Pilgerregeln hängen in der Herberge an der Wand. Sie sprechen mich an. Und ich schreibe sie auf die dritte Seite in meinen Pilgerpass.

Geh!
Es gibt fürs Pilgern kein besseres Fortbewegungsmittel als das Gehen.
Geh langsam!
Setz dich nicht unter Leistungsdruck!
Du kommst doch immer nur bei dir selber an.
Geh leicht!
Reduziere dein Gepäck!
Es ist ein gutes Gefühl, mit wenig auszukommen.

Geh einfach!
Einfachheit ist die Voraussetzung für spirituelle Erfahrung.
Geh alleine!
Du kannst besser in dich gehen und offener auf andere(s) zugehen.
Geh lange!
Auf die Schnelle wirst du nichts verstehen.
Geheimnisse erschließen sich nicht sofort.
Geh achtsam!
Wenn du bewusst gehst, lernst du den Weg anzunehmen, wie er ist.
Geh dankbar!
Alles, auch das Mühsame, hat seinen Sinn.
Geh weiter!
Auch wenn Krisen dich treffen an deinem wunden Punkt
– vertraue darauf: es geht, wenn man geht!
Geh mit Gott!
Wenn Gott für dich fern ist, können die Ge(h)bote 1–9 helfen, ihn
in dir wiederzuentdecken.

Als ich mich in eines der Betten lege, liegt auf meinem Kopfkissen ein kleines Kärtchen mit dem Satz von Dag Hammarskjöld: „Die längste Reise ist die Reise nach innen."

Zu Besuch bei der heiligen Idda in Fischingen

Blühende Bäume, gelbe Wiesen im Thurgau, der Kuckuck ruft und die Sonne scheint. Im Kloster Fischingen übernachte ich in einer ehemaligen Klosterzelle. Ich lerne die Geschichte der heiligen Idda kennen, die hier vor 800 Jahren gelebt hat. Ihr Ehemann, ein Graf, muss ein rechter Choleriker gewesen sein, er bezichtigte sie des Ehebruchs und warf sie kurzerhand aus dem Fenster seiner Burg in die Tiefe. Als es ihm später leid tat und er seinen Irrtum erkannte, wollte er seine Gemahlin zurückholen, aber da war es zu spät. Idda wollte nicht mehr, lebte lieber in Frieden in einer Klause im Wald, weihte ihr Leben Gott und wurde nach ihrem Tod als Heilige verehrt. Heute können müde Pilger ihre schmerzenden Füße in eine Öffnung im

11

Grabmal der heiligen Idda stecken in der Hoffnung auf Linderung. Meine Füße schmerzen zwar, aber um sie der heiligen Idda anzuvertrauen, bin ich doch zu protestantisch.

Nach Fischingen geht es über den Gipfel des Hörnli mit herrlicher Rundumsicht, aber als ich oben eine Suppe löffle, donnert es schon und bald zieht Regen auf. Drunten in Gibswil bin ich völlig durchnässt, der Himmel ist trüb, und ich stelle mich beim Gasthaus unter. „Heute Ruhetag" steht auf einem Schild. Was mache ich jetzt? Ich bin zu müde, zu nass, zu schlapp, um noch weiterzugehen und frage einen Mann, der gerade um die Ecke biegt, nach einer Unterkunft. „Das kann ich arrangieren", sagt er im schönsten Schweizerdeutsch und klingelt im geschlossenen Gasthof – und schon habe ich ein kleines Zimmer unterm Dach. Was macht man in Gibswil nachmittags um vier, wenn es in Strömen regnet und der einzige Gasthof auch noch geschlossen ist? Im kleinen Lebensmittelladen nebenan kaufe ich mir eine Brezel, eine Tafel Schokolade und einen halben Liter Weißwein. Eine Zeitung? „Haben wir nicht, aber im Nachbarort gibt's einen Kiosk …" Nur ein paar Minuten mit dem Auto entfernt, aber ein Fußpilger hat kein Auto. Ich widerstehe der Versuchung, die Fernsehprogramme in meinem Dachzimmer hoch- und runterzuschalten, lege mich ins Bett, lese die Psalmen und bin schon kurz nach acht Uhr eingeschlafen.

Es regnet und regnet. „Ein Jakobspilger!", ruft der Mann im Touristenbüro von Einsiedeln voller Begeisterung, als ich klatschnass dort auftauche und nach einer günstigen Unterkunft frage. Er schickt mich ins Pilgerhotel Sankt Josef, wo mich die freundliche Wirtin warmherzig aufnimmt. Gleich gegenüber ist die imposante Klosterkirche, durch die sich die Touristenströme schieben. Ich höre den Mönchen zu, die am Abend die Vesper singen und anschließend im großen Zug durch die Kirche ziehen – ein wenig roboterhaft, fast gespenstisch, aber zugleich voller Würde und anrührend. Am Abend sitze ich ganz alleine in der Kirche, ich erspüre die Harmonie, das Überschäumende, Gewaltige, und die Kirche beginnt mich mehr und mehr zu faszinieren.

Backpacker

Backpacker nennt man die Rucksacktouristen, und in gewisser Weise bin ich jetzt einer. In manchen Hotels gibt es günstige Übernachtungsmöglichkeiten für Backpacker – Mehrbettzimmer mit Etagenbetten und den sanitären Anlagen auf dem Flur. In Schwyz übernachte ich im Backpackerhotel. Ich bin allein im Zimmer mit zwölf Betten, im Nebenzimmer sitzen ein paar rauchende Dauermieter vor dem dauernd angeschalteten Fernsehapparat und braten sich Spiegeleier. Gegenüber auf der anderen Straßenseite ist eine Diskothek, die ganze Nacht laute Gespräche und Gelächter. Ich schlafe schlecht. Am anderen Morgen ist mein Geburtstag.

Ich mache mir selber ein Geburtstagsgeschenk: eine Fahrt über den Vierwaldstätter See von Brunnen nach Beckenried. Dort setze ich mich eine Weile still in die schöne helle Barockkirche am See, zünde eine Kerze an, singe aus vollem Herzen „Laudate omnes gentes, laudate Dominum – lobet den Herrn, alle Völker!". Ich fühle mich aufgehoben und geborgen in dieser Kirche und schreibe in das aufliegende Buch hinein: „Danke, dass DU mich begleitest!" Abends sitze ich allein an einem Tisch in einem vollen Lokal, will mir an meinem Geburtstag etwas gönnen und bestelle einen „Fitness-Teller". „Wird man davon auch satt?", erkundige ich mich bei dem Mädchen, das mich bedient. Sie schaut mich an, als hätte ich etwas Unanständiges gefragt und bringt mir einen Riesenteller mit vielen bunten Salaten. Am nächsten Tag frage ich am Thuner See einen jungen Mann auf der Straße: „Gibt es hier im Dorf eine Übernachtungsmöglichkeit?" „Kommt drauf an", antwortet er und betrachtet mich von oben bis unten: „was Sie damit meinen. Da hinten gibt's Zimmer zum Übernachten." Ich frage weiter. „Würden Sie dort Ihre Tante hinschikken?" Er lacht. „Nein, das nicht! Schauen Sie halt mal vorbei." Ich bin verunsichert und spreche ein Ehepaar an, das vor einem Haus in der Abendsonne sitzt. „Kann man da hinten übernachten?" Die Frau schaut mich an und sagt schmunzelnd: „Sie schon, aber wenn Sie eine Frau wären, dann wär's nicht so gut." Ach so, denke ich, lasse es lieber und gehe weiter.

In Interlaken betreibt die methodistische Kirche eine Backpackerunterkunft, eine Nichtraucherherberge. Zwei Mädchen sitzen am Empfang, sie sind gleich per Du mit mir. „Ich hoffe, das ist dir recht so", sagt die eine. Sie strahlen über das ganze Gesicht. Ihre Freundlichkeit ist ansteckend. Am anderen Morgen ist Christi Himmelfahrt. Die beiden Mädchen teilen strahlend das Frühstück aus. „Warum seid ihr so fröhlich?", frage ich sie. „Weil heute Auffahrt ist", sagt die eine. „Wenn man den Frieden im Herzen hat, dann ist man fröhlich." Was für ein Satz! Und er wirkt bei diesem Mädchen gar nicht aufgesetzt, man spürt: sie meint es tatsächlich so, wie sie es sagt.

Übernachtung im Stroh

Dass die Schweiz kein billiges Reiseland ist, weiß jeder. Glücklicherweise gibt es eine interessante Alternative: „Schlaf im Stroh" heißt es auf Schildern, die an manchen Bauernhöfen zu lesen sind. In der Scheune haben die Bauersleute gemütliche Strohbetten vorbereitet oder den Stall umfunktioniert, wenn die Kühe auf der Alm sind. „Herrje, ich habe ja heute noch gar nicht die Betten gemacht", sagt die Bauersfrau in Stans, als ich anfrage. Sie geht mit mir in die Scheune, nimmt ihre Mistgabel und schüttet das Stroh auf. „Bist du ein Wanderer oder ein Pilger?", fragt mich Maya, die ebenfalls im Stroh übernachtet. Ich muss zugeben, dass ich im Augenblick noch nicht so recht weiß, was der Unterschied ist. „Ich bin ein Wanderer, und ich will ein Pilger werden", antworte ich. Morgens, wenn der Tag graut, werden die Kühe gemolken. Sie finden selber den Weg in den Stall und stellen sich brav an, bis sie an der Reihe sind. Da staunt der Städter. Und der Bauer erzählt vom vielen Schreibkram, den er zu erledigen hat: „Jede Kuh muss eine bestimmte Anzahl von Stunden im Freien sein, und ich muss darüber genau Buch führen." Beim Frühstück kommt alles vom Bauernhof: die Eier, die Butter, das Brot, die Marmelade. Urlaubsgefühle. Während ich den Rucksack packe, geht mir die Ähnlichkeit zwischen den Kühen und den Übernachtungsgästen auf dem Bauernhof auf: Erst werden die Kühe gefüttert und gemolken und dann die Wanderer, in der gleichen Reihenfolge.

„Ich bin der Weg"

Ist es ein Zufall oder nicht? Gleich ein paar Meter hinter dem Bauernhof, in dem ich übernachtet habe, steht die evangelische Kirche von Stans an meinem Pilgerweg, und als ich sie erreiche, läuten die Glocken zum Gottesdienst. Es ist Sonntag. „Dein Wort ist meines Fußes Leuchte und ein Licht auf meinem Wege" – das sei das Thema des heutigen Gottesdienstes, sagt der Pfarrer. Und als habe er gerade mich besonders im Blick, spricht er unentwegt vom Weg. Er erzählt von einem Mann, der sich im Wald verirrt und dem Gott einen Engel schickt, von den breiten Wegen im Tal und dem schmalen, steilen Weg in die Höhe. „Ich bin der Weg", sagt Jesus. Gott ist auf dem Weg zu finden, am Weg, als Weg, auch als Steigung, als Mühsal, als Anforderung, Anstrengung. Den ganzen Tag muss ich darüber nachdenken beim Weitergehen. Ich bin der Weg – für dich, sagt Jesus zu mir.

Bruder Klaus

Nikolaus von Flüe war Bauer in der Nähe von Sachseln, hatte eine Frau und elf Kinder. Aber eines Tages verließ er die Familie und zog in den Ranft, eine Schlucht, die gleich hinter seinem Haus begann, um dort in der Einsamkeit zu leben. Er wurde ein frommer Einsiedler, viele kamen und suchten seinen Rat.
Ich kannte seine Lebensgeschichte und konnte nie sonderlich Gefühle für Bruder Klaus entwickeln. So sehr ich die Einsamkeit, die Stille, das Gebet schätze – Frau und Kinder einfach für immer zurückzulassen, das fand ich nie besonders nobel.
Als ich im Ranft ankomme und die Bruder-Klaus-Kapelle besuche, ist es später Nachmittag. Es ist wunderschön still in der Kapelle. Aber sehr weltliche Gefühle holen mich ein: Ich habe kein Geld mehr und brauche dringend einen Geldautomaten. „Sie sind Pfarrer, stimmt's?", fragt die Nonne am Postkartenladen neben der Bruder-Klaus-Kapelle. „Woran erkennen Sie das?" „Ich habe für so was einen Blick", strahlt sie, und dann empfiehlt sie mir den Klausenhof, wo

ich mit Karte bezahlen kann, denn einen Geldautomaten gibt es erst drunten im Tal in Sachseln. Der Wirt im Klausenhof sieht mir zwar den Pfarrer nicht an, aber dafür den Jakobspilger und sagt gleich: „Abendessen ist um halb sieben, Jakobspilger kriegen hier übrigens das Abendessen umsonst."

Abendessen und Frühstück im Klausenhof sind sehr üppig. Nach den eher kargen Mahlzeiten in den zurückliegenden Tagen ist die Versuchung groß, sich den Teller voll zu laden. Es ist alles da: Salate, Fleisch, Nachtisch und morgens Müsli, Brötchen in tausend Variationen, Butter, Käse, Joghurt, Wurst. Aber ich zügle mich. Das ist wohl ein Geheimnis und ein Weg zum Wohlbefinden im Leben: das rechte Maß zu finden in allem.

Zwischen Brünigpass und Schwarzenburg

Am Brünigpass steht ein Naturfreundehaus. „Willst du hier übernachten?", fragt mich der Hüttenwirt leutselig. „Du kannst auch was zu essen haben. Hier kannst du deine Wanderschuhe hinstellen. Und Duschen kostet einen Franken."

Still und einsam ist es hier oben, wir sind nur drei Wanderer, und der Hüttenwirt zaubert für uns als Nachtessen ein Schweizer Rösti mit Bratwurst und Salat. Am anderen Morgen geht es hinunter ins Tal – und damit hinunter in die reformierte Schweiz. Vorbei ist die Landschaft mit Wegkreuzen, barocken Kapellen und Bildstöcken. Die Kirchen sind schlicht, gepflegt und sauber und vor allen Dingen offen, auch am späten Abend. In der Regel wirken sie aber auch ein wenig leer. Schon wahr, der Glaube braucht keine Bilder, keine Kerzen – aber woran kann ich mich halten, wenn ich selber leer bin? Am Beatenberg wird mir die Veränderung besonders deutlich. Dort lebte vor Jahrhunderten der Einsiedler Beat, der ins Land um den Brienzer See den christlichen Glauben gebracht hat. Er soll dort oben am Berg mit einem wilden Drachen gekämpft haben, erzählt die Legende. Früher, in katholischer Zeit, gab's hier eine Kapelle, sicher mit Drachenfresko und frommen Devotionalien.

Die reformierten Berner haben damit Schluss gemacht. Und heute gibt es dort neben der Höhle, die man besichtigen kann, einen Spielplatz mit einem großen Plastikdrachen. Ist das Böse, Abgründige wirklich so harmlos?

Die reformierten Gottesdienste, die ich besuche, sind sehr gut vorbereitet. Die Pfarrer geben sich große Mühe, die Gebete sind auf den Sonntag bezogen formuliert, der Gemeindegesang ist kräftig. Und – nicht zu vergessen – die Gemeindemitglieder sind herzlich und freundlich. Das sind die Stärken. Was mir fehlt, ist die Liturgie mit ihrer Dramatik, der Wechselgesang, das eigentlich „gottesdienstliche Szenario", das Entlastende, Objektive. Anspruchsvolle Frömmigkeit, das ist evangelisch, ich weiß es ja selber nur zu gut, aber schnell auch ein wenig blutleer, und der Pfarrer muss immer gut sein.

Hinter Schwarzenburg steht wieder ein Wegkreuz. Und ich spüre: Die Welt wird hier wieder katholisch, volkstümlich, übersichtlicher, möglicherweise etwas einfach-einfältiger, vielleicht auch eine Spur wärmer. Im Radio ist Schnee angesagt ab 800 Meter. „Wie hoch sind wir hier eigentlich?", frage ich die Wirtin im Gasthaus zum Stern. „Ungefähr 800 Meter", sagt die Wirtin. Na, das kann ja heiter werden.

Bei Jakob am Jakobsweg

Seit meiner Studienzeit habe ich einen alten Freund in Münsingen in der Nähe von Bern. Jedes Jahr besuchen wir uns einmal. Dieses Mal komme ich zu Fuß. Der Weg führt oberhalb der Aare entlang, weite Wiesen, an Bauernhöfen vorbei. Es ist ein anderes Ankommen als sonst bei den Besuchen mit dem Auto.
Ich sehe Münsingen näherkommen: den Kirchturm, die Bahnlinie, die Aare, das Schwimmbad. Wie oft bin ich schon mit dem Auto an all dem vorbeigefahren. Wer zu Fuß geht, entdeckt alles neu.
Jakob und Elisabeth bereiten mir einen freundlichen Empfang. Es ist das einzige Mal auf dem Jakobsweg, dass ich irgendwo noch eine zweite Nacht bleibe – bei Jakob am Jakobsweg.

Deutschschweizer und Welschschweizer

„Das is a wunderschöns Wegli", meinte ein alter Mann auf einer Bank, als ich ihn nach dem Fußweg nach Freiburg fragte. Nach einer halben Stunde trete ich aus dem Wald und die Welt ist französisch. Freiburg ist plötzlich Fribourg. Und nach der Veränderung der religiösen Landschaft erlebe ich an der Stadtgrenze von Freiburg die Sprachgrenze, die zugleich auch eine Kulturgrenze ist. Am Anfang kommt man noch mit dem Deutschen aus, aber bald spricht alles französisch und mehr und mehr nur noch französisch. Die Gartenzwerge verschwinden aus den Vorgärten und stattdessen trifft man dort weiße Schwäne an. Die Häuser, die Dörfer haben ein französisches Gepräge. Aber auch hier bleiben die Leute freundlich. „Bonne route!", ruft mir eine ältere Frau im Vorübergehen zu. Und ein Mann begleitet mich ein Stück und erzählt dabei, dass er auch schon ein Stück des Jakobsweges gegangen sei. Aber bis nach Santiago? Das ist weit, sehr weit.

Die ganz andere Welt in Romont

Ich sitze in der Klosterkirche von Fille-Dieu bei den „Töchtern Gottes", wie sich die Zisterzienserinnen am Fuß von Romont nennen. Nach der Übernachtung bei den Zisterziensern in Hautrive am Vortag will ich heute bei den Schwestern übernachten.
„Haben Sie einen Pilgerpass?", fragt mich eine kleine, zerbrechliche alte Nonne an der Pforte auf französisch. „Ja, habe ich", sage ich und reiche ihr mein Vokabelheft, in dem nun schon ein paar Stempel sind. Ob sie es akzeptieren wird? Sie wirft einen Blick darauf, dann holt sie die Gastnonne. Auch sie spricht nur französisch, aber wir verstehen uns sofort trotz meiner mäßigen Französischkenntnisse. Fünfzehn Zisterzienserinnen singen die Komplet, das Nachtgebet, in der Kirche. Was bringt eine junge Frau dazu, in ein Kloster einzutreten?, frage ich mich.
Psalmengesang im Wechsel auf Französisch, Kerzenlicht, die alte Kirche mit den modernen Glasfenstern des englischen Künstlers

Brian Clarke, Tag für Tag, am Morgen, am Mittag, am Abend. „Das ist schon eine ganz andere Welt", wird die Frau im Office de Tourisme am anderen Morgen sagen, oben in Romont, mit etwas süffisantem Unterton. Und man spürt ihr an, dass sie dafür nicht allzu viel Verständnis hat. Aber mich beeindruckt dieses lebenslange Engagement für das Evangelium, dort unten im Tal hinter den Klostermauern.

Die Einsamkeit am Genfer See

„Gehen Sie nicht durch die enge Schlucht!", riet mit Herr Bünzli, bei dem ich im kühlen Souterrain übernachtet hatte. „Es ist rutschig nach dem Regen, und Sie sind allein!" Aber ich wollte es probieren. Es war ein wunderschöner Weg nach Lausanne: viel Wald, blühende Wiesen, Vogelgezwitscher, Sonnenschein.

Kurz vor der Stadt holt mich ein junger Mann ein mit einem Cello auf dem Rücken. „Sind Sie Jakobspilger?", will er wissen. Und als ich bejahe, fragt er weiter: „Wissen Sie schon, wo Sie in Lausanne übernachten?" Nein, das weiß ich natürlich noch nicht, vielleicht in der Jugendherberge. „Sie können bei mir schlafen, wenn Sie wollen. Es ist aber sehr einfach." Er erzählt, dass er als Arzt bei „Ärzte ohne Grenzen" in Mali arbeite, jetzt aber grade zu Hause sei, heute Abend zu seiner Großmutter fahre und deshalb seine Wohnung leer stehe. „Es ist aber wirklich sehr einfach, Altbau, Studentenbude, nur Matratzen." Danach fragt ein Jakobspilger nicht. Und ich nehme sein Angebot gerne an.

Lausanne ist eine lebhafte Stadt mit französischem Flair. Am See drunten ist eine „Fête de Bière" mit rockiger Musik und jeder Menge junger Leute. Die Sonne scheint, der See und die Berge, die weißen Schiffe und die im Wind flatternden bunten Fahnen vereinen sich zu einer zauberhaften Atmosphäre. Und dennoch fühle ich mich auf einmal unendlich einsam. Das äußere Ambiente steht in einem tiefen Gegensatz zu meinem inneren Empfinden.

Wie viel Einsamkeit erträgt ein Mensch? schießt es mir durch den Kopf. Will ich wirklich noch wochenlang unterwegs sein, jede Nacht in einem anderen Bett schlafen, in Gegenden, in der man eine fremde Sprache spricht, und ohne zu wissen, wie es sein wird? In meiner Hosentasche klimpert der Schlüssel von Bertrand, dem Arzt aus Mali, der mir in seinem großzügigen Vertrauen seine Wohnung anvertraut hat, ohne mich zu kennen. Als ich später die Wohnung aufschließe, liegt auf meiner Matratze am Fußboden ein kleiner Zettel: „Hello! Je suis Nathalie et je dors dans l'autre chambre cette nuit." Ich bin ganz stolz, dass meine Französischkenntnisse mittlerweile soweit fortgeschritten sind, dass ich übersetzen kann: Im Nachbarzimmer schläft Nathalie, wer immer das sein mag.

Bei der Fahrt über den Genfer See am anderen Morgen schreibe ich eine Postkarte nach Hause:

„Ich bin am Genfer See,
die Füße tun zwar weh,
jedoch ich bin in keiner Weise
bereits am Ende meiner Reise.
Ich will die Grenze überschreiten,
den Horizont noch weiter weiten.
Der längste Weg, den wir beginnen,
ist sicherlich der Weg nach innen."

KAPITEL

Von Genf nach Le Puy

Gastfreundschaft in La Motte

Es ist Pfingstsonntag, nachmittags um drei, und mein linker Knöchel tut mir weh. Ich bin in einem kleinen Dorf angekommen, La Motte, nein, kein eigentliches Dorf, eher ein Flecken, wie man es nennen könnte, sicher kaum auf einer Landkarte zu finden. Am Tag zuvor, nach meiner herrlichen Fahrt mit dem Schiff über den Genfer See, fand ich kein Quartier in Genf, es war ja Pfingstsamstag, und das entnervte Mädchen auf dem Infoamt hatte mich – wohl um mich los zu werden – zu einer Herberge geschickt, bei der eigentlich nur Mädchen übernachten konnten, was sie sicher wusste. Aber auch dort war nichts frei. So blieb mir nichts anderes übrig, als Genf links liegen zu lassen. Ich bin einfach weitergelaufen, über die französische Grenze nach Neydenz, wo es einen Campingplatz gab mit ein paar Betten auch für Wanderer und Jakobspilger.

21

Gleich neben dem Campingplatz eine Riesentafel mit dem Jakobsweg bis Le Puy. Dreihundertfünfzig Kilometer. Ich schlage in meinem kleinen Führer nach – bis zur spanischen Grenze sind es insgesamt 1170 Kilometer. Eine unvorstellbare Strecke. Und Santiago? Noch mal 800 Kilometer! Nein, so weit will ich nicht gehen, zu viel, zu weit, zu lang. Ich gehe erst mal bis La Côte-St. André, dort gibt es eine Bahnlinie, und dann wird man sehen. Eine Kirche gab es auch in Neydenz, aber ein Blick genügte, um mir klar zu machen: dort konnte ich an Pfingsten nicht in den Gottesdienst gehen, muffig und dunkel und öd war die Kirche, ein beklemmender Katholizismus, nein, dann lieber in aller Frühe weiter. Und jetzt also La Motte und mein schmerzender linker Knöchel.

Wenn die Füße weh tun, muss man aufhören. Das hatte ich mir vorgenommen, und nach dieser Devise hatte ich jetzt immerhin schon drei Wochen ohne Blasen an den Füßen hinter mir. Also höre ich jetzt auf. „Gibt es hier im Ort eine Übernachtungsmöglichkeit?", frage ich ein Ehepaar, das ist einer der wenigen Sätze, die ich in Französisch kann. Es sind die einzigen Menschen, die in diesem Dorf auf der Straße sind. Die Frau antwortet in deutscher Sprache, sie hat an meinem holprigen Französisch natürlich gleich gemerkt, wo ich herkomme. Nein, sagt sie freundlich bedauernd, in diesem Dorf gibt es praktisch nichts, kein Laden, kein Gasthaus, halt nur ein paar Häuser. „Aber wollen Sie bei uns schlafen?" Sie wechselt ein paar französische Sätze mit ihrem Mann – er kann jetzt praktisch nicht mehr Nein sagen. Und so habe ich ein Quartier.

Marcelle und Guy sind Schweizer aus Genf, die den Sommer in La Motte verbringen. Wir sitzen am Tisch vor dem Haus, trinken Wasser und später Wein. „Sie können sich hinlegen, wenn Sie sich beruhigen wollen", sagt Marcelle. Und ich erkläre ihr die Feinheiten der deutschen Sprache: „Sich beruhigen" ist etwas anderes als „sich ausruhen", auch wenn es ganz ähnlich klingt. Es gibt viel zu lachen. Am Abend kocht Marcelle noch etwas Einfaches zu essen, wie sie sagt – aber ich habe in diesen Tagen schon gelernt, dass in Frankreich auch einfache Gerichte aus mehreren Gängen bestehen, und Käse und Dessert und ein Kaffee einfach dazugehören. Guy entpuppt sich als Biologielehrer und will mir am Abend noch seine Diasammlung mit alpinen Pflanzen zeigen. „Eigentlich wollte ich ja nur nach einer Übernachtung fragen", sage ich vorm Schlafengehen. „Aber jetzt gibt es hier nicht nur ein Bett für mich, sondern gleich noch ein Menü und ein abendfüllendes Programm mit Diashow – ich bleibe unter diesen Umständen die nächsten 14 Tage hier."

Ein Lied in den Weinbergen

Ein Gîte ist eine Herberge und die übliche Übernachtungsmöglichkeit für Wanderer in Frankreich am Jakobsweg. Für ein paar Euro findet man dort ein Bett, meist im Schlafsaal. Es gibt ein Kissen, den Schlafsack muss man selber beisteuern. Und etwas zu essen kann man oft auch bekommen.
Mein erster Gîte heißt „Edelweiß" und ist am Berghang oberhalb des Rhônetals bei Seyssel. Dort treffe ich Reinhard und Angelika, ein fröhliches Ehepaar aus Augsburg. Wir sitzen auf der Terrasse beim Rotwein und erzählen von unseren Kindern, unserem Beruf, unseren Gemeinden zuhause. Auf dem Jakobsweg ist man schnell per du. „Ich weiß noch nicht, ob ich wirklich den ganzen Weg schaffe", sage ich. „Mensch, Jürrrrrgen", meint Angelika, „geh den Weg bis nach Santiago, wenn du die Zeit hast! Wir haben nur zwei Wochen und schaffen es höchstens bis nach Le Puy."
Am anderen Morgen geht jeder wieder seines Weges durch Weinberge im Rhônetal. Drei Tage lang treffen wir immer wieder aufeinander, Reinhard, Angelika und ich. Spätestens am Abend im nächsten Gîte, wo wir dann wieder beim Rotwein zusammensitzen, über den Tag uns austauschen und auch versuchen, unser Französisch anzuwenden. „Die wesentlichen Dinge im Leben werden uns geschenkt", schreibt Angelika ins Gästebuch in der Pilgerunterkunft. Und ich spüre jeden Tag mehr auf dieser Reise: Sie hat recht!

Hoch über Yenne an der Kapelle St. Romain liest Reinhard einen Psalm vor. Weit ist der Blick über das Land mit den Weinbergen, den Kirchen und Dörfern und den Bergen in der Ferne.

Wir singen „Geh aus, mein Herz und suche Freud in dieser lieben Sommerzeit" – alle Strophen, die wir auswendig singen können. Das sind Augenblicke, die man nicht mehr vergisst.

Originelle Begegnung

In St.-Maurice-de-Rotherens im dortigen Gîte regiert Louis, „eine interessante Persönlichkeit und sehr gastfreundlich". So steht in meinem kleinen Führer zu lesen. Dort will ich übernachten. Und Louis ist tatsächlich ein Original. Sein Haus hat den Charakter einer Baustelle, man hat das Gefühl, es ist alles noch nicht ganz fertig – offene Türen, Betonfußboden und unverfugte Treppenstufen, unverputzte Elektroleitungen, dann wieder Teppiche und Kommoden mit Spitzendeckchen. „An Notre-Dame in Paris haben zehntausend Arbeiter hundert Jahre lang gearbeitet", sagt Louis, „und ich bin allein und habe erst vierzig Jahre an diesem Haus gebaut. Ich habe also noch sechzig Jahre Zeit!"
Meinen Vornamen kann kein Franzose aussprechen, ich habe ihn deshalb längst in seiner Urform ins Französische übersetzt und bin auf dem Jakobsweg „Georges". Louis hat schon die erste Flasche aufgemacht – Aperitif. „A votre santé, Georges!", ruft er und schenkt gleich noch mal ein. Die Katze liegt behaglich ausgestreckt auf dem Nachbartisch in der Abendsonne, als Louis die Suppe bringt und zum Diner einlädt. Mittlerweile hat er auch den Rotwein entkorkt. Was ich denn von Beruf sei, will er wissen. „O, Georges le pasteur!", ruft er freudig aus und schenkt wieder ein. Angelika und Reinhard sind auch da. „Ich habe heute Geburtstag!", ruft Louis beim Dessert und holt eine Flasche Sekt aus dem Kühlschrank. Er zaubert einen Kuchen auf den Tisch und verteilt alles großzügig. „Santé!" „Ich kann das alles nicht trinken", lacht Angelika und schüttet ihren Rotwein in einem unbeobachteten Augenblick in den Blumentopf. Am Ende des Abends zeigt Louis sich noch von einer ganz anderen Seite. Er habe eine eigene Kapelle im Haus, sagt er unvermittelt. Ich kann es mir nicht so recht vorstellen. Aber er lädt uns ein, er will uns seine Kapelle zeigen. So steigen wir hinaus ins Freie ums Haus

herum und betreten seine Hauskapelle, eine Art Garage oder Schuppen: brennende Kerzen, ein Altar, Figuren der Jungfrau Maria und des Apostels Jakobus. „Das ist nichts für dich, Georges! Vous êtes protestant", sagt Louis schmunzelnd und deutet auf die Jungfrau Maria. Zwei Glasfenster zeigen den Propheten Elia, den am Bach Krith die Raben füttern, und die Emmausjünger, denen der auferstandene Christus begegnet. Louis erklärt uns ganz ernst und gesammelt, dass diese beiden Geschichten aus der Bibel ihm besonders wichtig sind: Elia, der am Ende ist und den Gott versorgt mit rätselhafter Speise, und die Jünger, die am Ende sind, und denen Christus, der Auferstandene, das Brot des Lebens reicht.

Das ist es, was in der Kirche geschieht, denke ich: Wenn wir am Ende sind, wird uns das Brot gereicht. Louis reißt mich aus meinen Gedanken. „Und nun ein Gebet, Georges, mit Elia und Emmaus!", fordert er mich auf. So endet der weinselige Abend sehr besinnlich. Wir stehen in diesem schlichten dunklen Raum, singen und beten und zünden am Schluss alle eine Kerze an, die wir vor das Bild des Apostels Jakobus stellen.

Accueil jacquaire

Einige Privatleute engagieren sich am Jakobsweg, indem sie den durchziehenden Pilgern ein Bett und etwas zu essen anbieten. Sie haben kein finanzielles Interesse, sondern wollen auf diesem Weg mit den Pilgern in Kontakt und ins Gespräch kommen. Und am Schluss kann man etwas bezahlen nach eigenem Gutdünken: „Vous donnez ce que vouz voulez." – Sie geben, was Sie wollen. „Acceuil jacquaire" nennt sich das, Jakobsempfang. In St. Genix, einem hübschen Ort am Flüsschen Guiers, habe ich eine Liste mit Adressen erstanden von allen, die ein solches Angebot machen. Mein Ziel ist an diesem Tag Vieux Saint Ondras, wo Maryse und Bernard wohnen. Ich hoffe, dass ich dort am Abend unterkommen kann.

Vieux Saint Ondras ist winzig. Als ich klingle, kommt Maryse an die Gartentür und sagt fröhlich: „Ich habe den Hund vom Nachbarn bellen hören, da habe ich gedacht: Sicher kommt ein Pilger." Maryse und

Bernard wohnen sehr komfortabel: ein luxuriöses Haus mit großem, sehr gepflegtem Garten. „Wollen Sie mit uns essen", fragt Maryse. Und dann rollt ein gediegenes Abendmenü über die Bühne, das sich über Stunden hinzieht, mit Aperitif, Nüsschen, Salat, Bohnen, Kotelett, Käse, Erdbeeren, dazu Rotwein und als Abschluss noch Kaffee. Maryse und Bernard sprechen nur französisch, aber wir haben alle unser Wörterbuch neben dem Teller liegen und verstehen uns prächtig. „Vous voulez une infusion?", fragt Maryse. Ich bin etwas irritiert. Eine Infusion? Aber ich lerne, „infusion" ist im französischen Sprachgebrauch ein Kräutertee zum Abschluss des Abendessens. Frühstück morgen früh um sechs Uhr oder um halb sieben? „Six heures et demi, halb sieben", sage ich. Man muss ja nicht übertreiben.

Am anderen Abend erfahre ich „acceuil jacquaire" noch einmal ganz anders bei Bernard und Adèle in Bévenais. Sie wohnen mit ihren Kindern Amélie und Pawel in einem ziemlich rumpeligen Haus mit großem Garten. Auf der Wiese spazieren ein Hahn und ein älteres Huhn herum. „Sechs Jahre, viel zu zäh zum Essen, aber jeden Tag ein Ei, ein miracle", erzählt mir Bernard. Zwei Katzen und einen Hasen gibt es auch noch, und in einer alten Badewanne wohnt Karolin, die Wasserschildkröte.

Zum Abendessen gibt es Reis mit Erbsen und drei Eier. Als Adèle mir ein Ei auf den Teller legt, protestiere ich, aber vergeblich. Das zweite Ei teilt sie für die Kinder, das dritte Ei legt sie sich selbst auf den Teller. Bernard bleibt ohne Ei, vielleicht war es seine Idee, sich am acceuil jacquaire zu beteiligen und ich habe deshalb jetzt sein Ei, wer weiß. Die Toilette ist defekt, signalisiert mir Adèle und drückt mir einen roten Plastikeimer mit Wasser in die Hand. Bernard zeigt mir meinen Schlafplatz, draußen auf der Wiese steht ein kleines Zelt neben der Wanne mit Karolin, der Schildkröte.

Auf dem Berg Karmel – ein leiser Windhauch

Sonntagnachmittag um halb drei. Ich habe auf einem Hügel das kleine Kloster Carmel Notre-Dame de Surieu erreicht und sitze in der romanischen Klosterkirche. Das Seitenportal steht offen, das helle

Sonnenlicht des frühen Nachmittags fällt herein, Vogelgezwitscher, sonst ist es still. Über dem Altar – die Gestalt des Gekreuzigten. Ausgebreitete Arme, kommt her zu mir alle.

Es gibt keine Übernachtungsmöglichkeit für Pilger im Kloster, das weiß ich aus meinem kleinen Führer. Aber hier sollte man bleiben können, denke ich. Und dann starte ich meinen Versuch. Die langen Hosenbeine habe ich schon mal im Vorhinein draußen im Wald übergezogen. Ich gehe an die Klosterpforte und klingle. Es dauert eine Weile, dann erscheint eine Nonne im braunen Habit, und ich ziehe alle Register, spiele meinen Trumpf aus, was ich sonst nie tue: „Je suis un pasteur de l'église protestante", stelle ich mich vor und dass ich auf dem Weg nach Santiago sei und dass ich die Kirche auf dem Hügel sehr einladend und atmosphärisch schön fände. Ob es wohl möglich sei, im Kloster für diesen Tag und für die kommende Nacht zu bleiben? Die Schwester ist sehr freundlich. Sie wiegt den Kopf hin und her.

Es gibt keine Übernachtungsmöglichkeit für Pilger, sagt sie bedauernd, aber „un pasteur protestant". Sie überlegt, bietet mir einen Stuhl an in einem kleinen Empfangszimmerchen und sagt: „Je veux demander. Ich will fragen." Sie stellt einen Teller mit Obst und Keksen auf den Tisch und verschwindet. Ich sitze am Tisch, neben mir den Rucksack und den Wanderstab, und spüre, dass ich die Seiten gewechselt habe: Sonst klingelt es oft an meiner Tür und jemand fragt, ob er nicht … und jetzt bin ich selbst der Bittende, Wartende.

Die Schwester kommt zurück. Ja, es sei möglich, sagt sie und führt mich zu einem schönen kleinen Zimmer mit einer Ikone der Jungfrau Maria an der Wand und einer französischen Bibel auf dem Nachttisch. Das Abendessen könne ich mit einem katholischen Priester einnehmen, der zur Zeit hier wohne. Es gebe da nur noch eines – diese Woche sei eine Woche der Einkehr für die Schwestern im Kloster und es werde deshalb nicht gesprochen, ob das für mich möglich sei? Ich bedanke mich für diese Großzügigkeit. Und was zahle ich? Morgen früh könne ich ein paar Euro auf dem Tisch liegen lassen, wenn ich wolle.

Nachtgebet in der Kirche. Die Schwestern singen die Psalmen in französischer Sprache im Wechsel. Zum Abschluss der Komplet verlöschen die Lichter, nur vor der Marienikone brennen noch ein paar Kerzen. Stehend singen die Karmeliterinnen das Salve Regina: „Salve regina, mater misericordiae, vita, dulcedo et spes nostra, salve …", Lobgesang auf Maria. Dann knien sie schweigend für einige Zeit, nichts rührt sich, nur die leichte Bewegung der flackernden Kerzen ist spürbar, bevor eine nach der anderen still die Kirche verlässt nach einer tiefen Verbeugung vor der Ikone.

In ihrer Schlichtheit ist diese Andacht, dieser Abschluss des Tages, eine intensive spirituelle Erfahrung für mich. Es gibt Momente im Leben, da hat man das Gefühl, man ist schon drin im Himmel. Für mich ist dies so ein Moment, oben auf dem Hügel, am späten Abend im Kloster Carmel Notre-Dame de Surieu.

„Elie marcha 40 jours et 40 nuits jusqu'à la montagne de Dieu, l'Horeb, où il contempla Dieu dans la brise légère", lese ich in einem kleinen Handzettel über das Kloster. Mein Französisch ist nur mangelhaft, aber meine Bibelkenntnis ist natürlich besser, ich kenne die Geschichte vom Propheten Elia, der am Ende seiner Kraft ist und der am Gottesberg Gott begegnet. Diese Geschichte ist einer der stärksten Texte im Alten Testament. So kann ich ohne Schwierigkeiten übersetzen: „Elia ging 40 Tage und 40 Nächte bis zum Gottesberg, dem Horeb, wo er Gott anschaute in einer leichten Brise" … Gott begegnet in der Stille, in einem stillen, sanften Sausen, einem leisen Säuseln, im Flüstern eines leisen Wehens oder – wie Martin Buber das genannt hat – in einer Stimme verschwebenden Schweigens.

Ich spüre, dass sich die Nonnen von Surieu in dieser Tradition sehen, wie der Prophet Elia offen zu sein für den Windhauch, jene „brise légère", jene leichte Brise, jenes Schweigen, in dem Gott begegnen kann.

Protestantische Ernüchterung

Die Gegend um Mazet ist protestantisch, lese ich in meinem kleinen Führer, und dort wohnen die „sœurs protestantes", die um die Einheit der Kirche beten und auch Jakobspilgern eine Übernachtungsmöglichkeit bieten. Da werde ich hellhörig. Nach so viel Katholizismus reizt es mich natürlich sehr, jetzt das evangelische Äquivalent kennen zu lernen und die Spiritualität einer evangelischen Schwesternschaft im katholisch geprägten Frankreich zu erfahren.

Das Problem: Mazet-St. Voy ist sechs Kilometer abseits des Weges. Was für Autofahrer nicht der Rede wert ist, das ist für einen Fußgänger schon reiflich zu überdenken. Sechs Kilometer Landstraße, das bedeutet: sechs Kilometer hin und am anderen Tag sechs Kilometer zurück, also zwölf Kilometer Weg. Mit drei Stunden Gehzeit muss man rechnen. Soll ich es wirklich tun? Ich habe auf dem bisherigen Weg keine Umwege gemacht, keine Besichtigungseskapaden, denn wenn ich damit anfange, komme ich nie an ein Ziel. Aber das Unternehmen reizt mich. Und wann werde ich jemals noch einmal hierher kommen? Vielleicht wartet ein besonderer Gedankenanstoß, eine wichtige Erfahrung auf mich bei den „sœurs protestantes". Es ist heiß, ich fülle meine Wasserflasche an der hübschen kleinen Kirche von St. Jeures, in der ich einige Zeit sitze, und breche auf. Auf dem Weg entlang der Landstraße versuche ich meine Gedanken zu ordnen und lege mir auch ein paar Fragen in meinem einfachen Französisch zurecht: Was ist der Unterschied in der Frömmigkeit zwischen den evangelischen und den katholischen Schwestern? Gibt es Ökumene? Und was ist eigentlich das Evangelische in einer evangelischen Schwesternschaft?

Aber alles kommt ganz anders. Zunächst einmal sind die sechs Kilometer in Wirklichkeit acht Kilometer, nach jedem Hügel kommt noch einmal ein Hügel. Endlich die Kirche St. Voy, eine kleine alte romanische Kirche, der heiligen Fides geweiht. In der Kirche liegt ein Plakat: Die Schwestern machen Urlaub im Juni, und der „acceuil" ist „fermé". Ich lese es etwas ungläubig, denn die Kirche ist ja offen. Aber die „sœurs protestantes" machen wirklich Ferien.

Eine Schwester, die ich treffe, erklärt mir, ich hätte anrufen müssen, wenn ich hierher komme, jetzt sei eben nichts zu machen. Eine zweite Schwester kommt dazu, sie ist wohl eher bereit, den müden Jakobspilger aufzunehmen, aber die andere bleibt hart. Es muss Regeln und Prinzipien geben.

Und außerdem gebe es ja ein Gasthaus am Ort, in dem ich schlafen könne. Der Hinweis auf den „pasteur protestant" nützt hier nichts. Auch der Pasteur kann schließlich im Gasthaus schlafen.

Ich gehe noch einmal zurück in die kleine romanische Kirche St. Foy, setze mich und versuche mich zu beruhigen. Ich bin wütend und auch enttäuscht. Sollte das meine Kirche sein? Was nützt die schönste alte Kirche, wenn so wenig vom Evangelium zu spüren ist?

L'Escuelle heißt das Gasthaus. Dort gibt es ein bodenständiges Menü mit Rotwein, Käse und Eis zum Nachtisch. Am Nachbartisch sitzt ein holländisches Ehepaar. Es ist mit dem Wohnwagen unterwegs. Alle Holländer sind mit dem Wohnwagen unterwegs, blitzt es in meinem Kopf auf. Aber der Wohnwagen ist defekt, und jetzt müssen die beiden Holländer im Gasthaus übernachten. Die beiden staunen über meinen langen Weg zu Fuß von Konstanz her.

„Wir trinken zu viel und laufen zu wenig", lacht der Holländer lebensfroh, zwinkert mir zu und bestellt sich noch einen Whisky. Und der Gastwirt fährt mich am anderen Morgen zurück zum Jakobsweg. Überall gibt es auch Positives und Freundlichkeit, manchmal von anderen Menschen, als man es erwartet.

Später auf dem Weg denke ich manchmal noch an diesen Abend in Mazet. Und ich versuche zu verstehen: Man kann nicht immer bereit sein, manchmal muss man auch die Tür zumachen. Weiß ich es nicht selber aus dem heimischen Pfarrhaus? Aber die Enttäuschung bleibt doch, besonders weil es gerade meine eigene evangelische Kirche ist. Damals ahne ich nichts von dem Brief, der mich Monate später erreichen wird aus Mazet. Die Schwestern hatten auf abenteuerlichen Wegen meine Adresse ausfindig gemacht, baten mich um Entschuldigung und luden mich ein, irgendwann noch einmal zu ihnen zu kommen. Das hat mich sehr berührt.

KAPITEL III.

Von Le Puy nach Saint-Jean-Pied-de-Port

Chez Régine und das Aubrac

Das Bergland Aubrac ist sicher einer der schönsten Abschnitte des Jakobsweges in Frankreich. Weite Hochebenen, meist über 1000 Meter hoch, Kiefernwälder, Heidelandschaft, Ginster, Weidelandschaft und das widerstandsfähige Aubrac-Rind sind typisch für die Region. Stundenlange Wanderungen, ohne einem Menschen zu begegnen. In Le Rouget steht ein großer Kuhstall zwischen den Feldern. Am Tor steht „Gîte" – hier kann man übernachten.

Aber kein Mensch ist da. Auf einem Zettel lese ich auf Französisch: „Gehen Sie hinein, trinken Sie etwas, duschen Sie – wir kommen nach 16 Uhr!" Ich nehme die freundliche Einladung an, stelle meinen Rucksack in die Ecke, ziehe die staubigen Wanderschuhe aus und gehe erst einmal unter die Dusche.

Dann schenke ich mir ein Glas Saft ein und setze mich gemütlich an den Tisch. Am Abend kommt die Bauersfrau, bringt etwas zu essen und eine Flasche Wein und kassiert. So einfach und unkompliziert kann alles sein auf dem Jakobsweg.

Les Quatre Chemins ist kein Dorf, sondern nur eine Wegkreuzung – eben vier Wege, wie der französische Name sagt. Dort steht eine einsame Bar „Chez Régine", und hinter der Theke steht Madame Régine. Sie wirkt ein wenig verbraucht, hantiert souverän mit den zahllosen Flaschen, die sie umgeben, und zündet eine Zigarette an der anderen an. Bei ihr lerne ich den Gentianelikör kennen, einen Kräuterlikör, der aus den typischen gelben Blüten der Gentiane, dem gelbblühenden Enzian, hergestellt wird, der im Aubrac überall wächst. Zwei müde Hunde schleichen zwischen den Tischen herum, gelegentlich schaut ein Traktorfahrer herein und trinkt einen Schnaps oder zwei, vor dem Haus gackern die Hühner, sonst ist nichts los in Les Quatre Chemins. Obwohl die Matratzen total durchgelegen sind, schlafe ich gut. Die Kirche in Nasbinals, einem Hauptort im Aubrac, ist romanisch. Ein Brunnen plätschert unter Kastanienbäumen. Und im Buch, das in der Kirche aufliegt, lese ich in deutscher Sprache den Satz: „Pilger, wenn du deinen Weg beenden musst, dann denk daran: Santiago ist überall!"

In früheren Jahrhunderten war das Aubrac eine unsichere Gegend. Nebel und Schneestürme bedrohten den einsamen Pilger. 1120 wurde die „Domerie d'Aubrac" gegründet, eine Klostergemeinschaft, die sich der Betreuung der vorbeikommenden Pilger widmete. Ein 30 Meter hoher Befestigungsturm wurde gebaut und eine Kirche.

Das Läuten der Glocken sollte verirrten Pilgern im Aubrac den Weg weisen. Längst ist das Kloster Vergangenheit, ein Brand vernichtete weite Teile, und die Französische Revolution tat ihr Übriges. Die Kirche und der Befestigungsturm „Tour des Anglais" sind geblieben. In diesem Turm dürfen Jakobspilger heute für acht Euro übernachten – im dritten Stock. Die Toilette ist ganz unten am Ausgang.

Österliche Gedanken in Saint-Côme-d'Olt

„Welcome!", ruft Cajetan, als ich am späten Nachmittag im Konvent der Ursulinen von Saint-Côme-d'Olt ankomme. Es klingt herzlich und man hat den Eindruck, als habe er die ganze Zeit schon auf mich gewartet und kenne mich seit Jahren.

Cajetan ist Frankokanadier und arbeitet ehrenamtlich im Kloster mit bei der Betreuung der Pilger. Er weist mir ein Einzelzimmer zu mit eigener Nasszelle – fast paradiesische Zustände nach der Nacht im „Tour des Anglais" oben im Aubrac! Von seinem berühmten Namensvetter aus der Reformationszeit, Kardinal Cajetan, dem Gegenspieler Martin Luthers, hat er noch nie etwas gehört – ist ja auch nicht so wichtig.

Die Ursulinen sehen ihre Aufgabe in der Betreuung der Pilger. Nach der Abendvesper in der Kirche gibt es ein reichhaltiges Abendessen am großen gemeinsamen Tisch. Viel Freundlichkeit. „Merci beaucoup pour votre hospitalité", schreibe ich ins Gästebuch nach dem Frühstück um sieben Uhr, ehe ich wieder die Wanderschuhe schnüre und den Rucksack auf den Rücken packe.

In der Kirche in Saint-Côme-d'Olt strahlt die Morgensonne in den Chorraum und verwandelt den Kirchenraum. Der gekreuzigte Christus, Altar, Kirchenschiff – alles ist in ein mildes rotes Licht gehüllt. Ich sitze still in der letzten Reihe und sinne über das Geheimnis der Auferstehung nach. Der frühe Morgen als die Stunde einer außergewöhnlichen geistlichen Erfahrung leuchtet mir ein, im wahrsten Sinne des Wortes. Alles wird neu beim Anbruch des Tages. Auch für mich an diesem Morgen in Saint-Côme-d'Olt, der ganze Tag liegt vor mir, kein Termin, kein Telefon. Ich werde laufen, Schritt für Schritt, alles, was ich brauche, habe ich in meinem Rucksack – Brot, einen Apfel, eine Flasche mit klarem Wasser, ein Stück Wurst. Wenn ich müde bin, setze ich mich auf einen Stein am Wegrand und schaue den Vögeln zu. Was für ein Geschenk!

Hase und Igel

Ludwig und Otto sind zwei katholische Priester aus dem Bayrischen Wald, dort, wo alles katholisch ist. Sie sind gemeinsam unterwegs und wollen nach Lourdes. Horst, der Pfadfinder aus Waghäusel, hat sich ihnen angeschlossen. „Die beiden sind ja ein wenig hilflos", sagt Horst zu mir und will mir zu verstehen geben: Ich helfe den beiden ein wenig bei der Orientierung! „Er hat sich an uns drangehängt", sagen die beiden und wollen damit ausdrücken: Es ist eigentlich umgekehrt, wir ziehen ihn mit.

Wie es auch sei – überall tauchen sie als Dreigestirn auf. Morgens in aller Frühe ziehen sie los, lange bevor ich selber meinen Rucksack gepackt habe. Nachmittags sitzen sie dann längst beim Bier, wenn ich verschwitzt und müde irgendwo ankomme. „Wir genießen schon!"

„Ich bin Pfarrer", sagt Ludwig zu mir beim gemeinsamen Abendessen in Conques fast verschwörerisch. „Ich auch", sage ich. Er verzieht keine Miene. Wahrscheinlich hat er es sich schon gedacht. Mehrfach verabschieden wir uns voneinander. „Wir bleiben hier noch einen Tag", sagen die drei beispielsweise in Conques. Am übernächsten Abend sitzen sie wieder irgendwo und sind längst vor mir angekommen. „Wir haben ein Taxi genommen", sagt Horst augenzwinkernd, „zu dritt ist das nicht so teuer." Es ist wie beim Hasen und dem Igel: Immer, wenn ich ankomme, sind die drei schon da.

Der Mönch am Flügel

„Pour nous c'est un plaisir", betonte Monsieur Viguieur mehrfach. Bei ihm und seiner Frau hatte ich übernachtet in Campuac hoch über dem Tal des Lot. 40 Euro musste ich bezahlen und bekam dafür eine ganze Ferienwohnung, Abendessen und Frühstück und dazu noch quasi Familienanschluss für einen Abend. Madame und Monsieur Viguieur sprachen Französisch und Okzitan, jene zusätzliche Sprache der Region. Die Kinder waren erwachsen und wohnten in Paris, Lyon, Marseille, die alten Eltern blieben auf ihrem Dorf. Es ist das Schicksal vieler Familien, ich hatte es schon an zahlreichen leerstehenden Häusern gesehen auf den Dörfern am Jakobsweg: Keine Arbeit, die Kinder ziehen in die Großstädte, die Eltern bleiben, und irgendwann stehen die Häuser leer.

Madame und Monsieur Viguieur pflegten am Abend nicht viel zu essen, betonten sie mehrfach, aber jetzt mit mir sei das eine Ausnahme. Madame Viguieur zauberte ein mehrgängiges Menü auf den Tisch, vieles aus dem eigenen Garten. „Pour nous c'est un plaisir!" So viel Freundlichkeit auf dem Weg, denke ich, als ich am anderen Morgen bei leichtem Nieselregen weiterlaufe über die Hochebene und dann irgendwann hinunter ins Tal nach Conques.

Die heilige Fides starb um 303 nach Christus den Märtyrertod in Agen. Sie gehört mit Barbara, Katharina, Stephanus und Sebastian zu den Glaubenszeugen der alten Kirche, die für ihren Glauben in den Tod gingen. Die Reliquien der heiligen Fides gelangten im Jahre 866 in das frisch gegründete Benediktinerkloster Conques am Berghang oberhalb des Baches Ouche. Nach damaligem Verständnis brauchte das Kloster eine Reliquie, die sterblichen Überreste eines bedeutenden Glaubenszeugen. Und da Reliquien nicht freiwillig kommen, musste man sie sich beschaffen. Ein Mönch schaffte sie heimlich nach Conques. „Heimliche Übertragung" nennt man das beschönigend oder „fromme Entwendung". Ehrlicherweise wird man das schlicht und einfach als Diebstahl bezeichnen müssen.

Aber das ist lange her. In Conques wurde die heilige Fides in Ehren gehalten. Es kamen viele Pilger, der Wohlstand des Klosters mehrte sich. Aber auch das ist lange her. Nach der Französischen Revolution verfiel das verwaiste Kloster, bis im Jahre 1873 Prämonstratensermönche einzogen, die den wiederauflebenden Pilgerstrom betreuten. Dies tun sie auch heute, wie ich selber feststelle.

„Wir sind hier nicht im Hotel, wie Sie alle wissen", sagt der Mönch in seiner weißen Kutte beim Abendessen zu den rund 60 Frauen und Männern, die im Speisesaal sitzen, „sondern wir sind eine Pilgerherberge. Wir sind auf dem Weg." Dann höre ich zum ersten Mal das Lied der Jakobspilger, das mich von da an begleitet – bis hinein in meine Träume:

„Tous les matins, nous prenons le chemin,
tous les matins, nous allons plus loin,
jour après jour la roué nous appelle,
c'est la voie de Compostelle.
Ultreia! Ultreia!
Et sus eia. Deus adjuva nos!"

Am späten Abend in der Kirche von Conques: Nach dem Abend-
gebet bitten die Mönche alle, die am nächsten Tag weiterwandern,
um den Altar. Jeder sagt seinen Namen ins Mikrophon, jeder erhält
das Markusevangelium in seiner Sprache. Der Pilgersegen in
Französisch, Englisch und Deutsch, noch einmal das Lied der
Jakobspilger: Ultreia, ultreia … Dann verlöschen die Lichter, nur die
Kerzen brennen noch. Ein Lichtstrahl richtet sich auf das wunderba-
re Steinrelief hoch oben im Querschiff: Der Engel Gabriel kommt zu
Maria, das Wunder der Menschwerdung Gottes. „Maria ist der erste
Mensch, der ja sagt zu Gottes Plan", wird Paul ein paar Tage später
zu mir sagen, ein junger Katholik aus Versailles.
„Salve regina", singen die Mönche in Conques an diesem Abend in
die Stille der Abteikirche hinein. Ich spüre die Weite der Kirche –
weit hinaus über provinziellen Protestantismus und engstirnigen
Katholizismus. Wortlos setzt sich Frère Jean-Daniel, einer der Prämonstratensermönche, an den großen Flügel im Querschiff und
spielt – Improvisationen zu Taizé, manches von den Beatles, Klassi-
sches. Die Menschen sitzen auf den Kirchenstufen, in den Bänken,
an Säulen gelehnt und lauschen. Niemand spricht. Welche Kraft,
welche Tiefe wird spürbar in der Musik!

Mein Freund, der Stock

In Noailhac wird das Johannesfest gefeiert, am Johannestag, dem 24.
Juni, zu Ehren von Johannes dem Täufer. In der Kirche sind viele
fröhliche Leute, und draußen gibt es selbstgebackenes Brot und
selbstgebackenen Kuchen. Was man nicht kennt, soll man zumin-
dest mal ausprobieren, denke ich, und Hunger habe ich außerdem.

36

So kaufe ich mir ein Stück Kuchen und laufe mit dem Kuchenstück in der Hand aus dem Dorf hinaus, den Berg hoch. Der Kuchen trieft vor Fett, und ich muss aufpassen, dass ich mir nicht die Hose und das Hemd voll tropfe. Als ich endlich oben bin und der Kuchen gegessen ist und ich meine Hände wieder frei habe, merke ich: Mein Stock ist weg. Ich habe meinen Stock vergessen, unten in Noailhac, unten im Tal.

Der Stock ist ein einfacher Stock aus Kirschholz, wie er überall wächst, nichts Besonderes! Soll ich ihn dort unten stehen lassen und mir irgendwo einen neuen suchen? Aber Peter hat ihn mir geschenkt zum Abschied, bei der letzten Taizé-Andacht, zu Hause in unserer Gemeinde in Mühlburg. Und nach mittlerweile rund tausend gemeinsamen Kilometern ist mir der Stock fast so etwas wie ein Freund geworden. Also lasse ich meinen Rucksack am Wegrand liegen und laufe zurück, hinab ins Tal, wo hoffentlich noch der Stock steht am Kuchenverkaufsstand von Noailhac.

Alle, die mir unterwegs begegnen, schauen mich fragend an. „Stock vergessen", erkläre ich auf Englisch, Französisch und Deutsch. Noch nach Tagen kommt es vor, dass mich irgendwo jemand anspricht: „Don't forget your stick!" „Vous avez votre bâton?" Nein, ich vergesse ihn nicht mehr, hoffentlich!

Lebenslänglich in Figeac

Ob nicht jeder Mensch irgendwie religiös ist? In Livinhac-Le-Haut hatte ich Jerome und Inge kennen gelernt, ein schwedisches Paar, Lehrer und Sozialarbeiterin. „Wie empfindest du diese Kirchen hier und die Religiosität?", hatten sie mich gefragt.

Und sie hatten deutlich gemacht, dass für sie das Ganze nur von kunsthistorischem Interesse sei – das Tympanon in Conques etwa, ein großartiges Kunstwerk, aber eben aus einer fernen Vergangenheit. „Und euer eigener Glaube? Euer Verhältnis zur Kirche?", hatte ich gefragt. „We are not engaged", war ihre Antwort gewesen, also nicht engagiert. Als ich am anderen Morgen neben Jerome im Nebel einige Zeit gemeinsam laufe und in der Ferne, unsichtbar für unsere

Augen, ein paar Kuhglocken zu hören sind, erzählt er von einer Wanderung am Mont Blanc vor zwanzig Jahren mit seiner Frau. Sie waren ganz oben fern aller menschlichen Ansiedlung, nur die grünen Wiesen, die Kühe mit ihren Glocken, der blaue Himmel, die Bergspitzen: „I thought I would be in heaven", sagt er. Mir fällt ein, wie er gestern Abend noch gesagt hatte: „We are not engaged." Ob nicht jeder eine religiöse Ader hat und irgendwie doch „engaged" ist? In Figeac sind im Kloster „Carmel de Figeac" die Karmeliterinnen „engaged", und ich möchte bei ihnen übernachten, um ihre Frömmigkeit kennen zu lernen. Figeac ist eine lebendige kleine Stadt am Lot, die Heimat von Jean-Francois Champollion, dem es vor 200 Jahren gelang, die ägyptischen Hieroglyphen zu entziffern. Als ich im Kloster ankomme, sitzen die katholischen Priester Ludwig und Otto mit ihrem Pfadfinder Horst schon vor der Tür. Sie sind diesmal ein Stück mit dem Zug gefahren und haben mich so wieder mal elegant überholt.

Die Karmeliterinnen bekomme ich nicht zu Gesicht, nicht einmal im Abendgottesdienst, in dem sie abseits in einem nicht einsehbaren Seitentrakt ihrer Kirche sitzen. Dafür lerne ich Maryse kennen, eine Hospitalière, die für zwei Wochen die Pilger betreut, die im Kloster übernachten wollen, und für sie kocht. Wir sind an diesem Abend zu sechst: neben dem Dreigestirn und mir noch Swenja, eine junge Religionslehrerin, und ein Radfahrer aus dem Rheinland, der an diesem Tag 190 Kilometer gefahren ist, an Conques vorbei, und in Riesenetappen auf Santiago zufährt.

Als ich mein nassgeschwitztes Hemd gewaschen habe und es im Klostergarten aufhängen will, nimmt es mir Maryse aus der Hand. Nein, in den Klostergarten könne ich nicht gehen, die Nonnen könnten dort sein und es sei nicht möglich, dass ich als Mann … sie werde das Hemd für mich aufhängen und es am Abend auch wieder abhängen. Und dann erzählt sie mir von den strengen Regeln im Kloster, von der Abgeschiedenheit. Keine Einkäufe, selbst der Arzt komme ins Haus. 89 Jahre sei die älteste Schwester, sie sei mit 19 Jahren eingetreten und habe das Klostergebäude seit 70 Jahren nicht verlassen. Mich überläuft es.

Fröhlichkeit im Kloster und auf dem Sportplatz

Im „Monastère des Filles de Jésus" in Vaylats herrscht eine fröhliche Atmosphäre. Die Schwestern, vorwiegend schon sehr alt, haben es sich zur Aufgabe gemacht, die Jakobspilger zu beherbergen. Gemeinsam sitzen wir an großen langen Tischen. Eine Schwester stimmt einen Kanon an und begrüßt die Gäste. Dann wird aufgetischt: Suppe, Salat, Fisch mit Reis, Obst zum Nachtisch und natürlich Käse, Brot und Rotwein. Die Schwestern selbst essen etwas Einfaches. Sie können nicht jeden Tag mit hungrigen, müden Pilgern kräftige Mahlzeiten einnehmen, schließlich laufen sie am nächsten Tag keine dreißig Kilometer.

Wer sind die „Töchter Jesu", wie sie sich nennen? In einem kleinen Faltblatt lese ich über ihre Geschichte: Jean Liausu hat 1820 eine Ordensgemeinschaft gegründet, um etwas zu tun gegen die religiöse Unwissenheit in der ländlichen Gegend um Vaylats. Der Orden wuchs, bald waren es fast 600 Ordensschwestern. Auch in Übersee, in ländlichen Gegenden Afrikas, breitete sich der Orden aus. Heute sind es freilich weit weniger Schwestern. Der Orden sieht seine Aufgabe darin, „mutig neue Formen der Präsenz zu erfinden in einer Welt, die nichts vom Evangelium weiß".

Beim Abendessen am langen Tisch entstehen Kontakte. Alle sind hilfsbereit und aufmerksam, Sprachgrenzen sind keine Barrieren, irgendwie geht es mit etwas Französisch, Deutsch und Englisch und man kommt ins Gespräch: Ute aus Norwegen, zwei französische Ehepaare, die zwei Freundinnen aus Bourges, eine Lehrerin aus Paris und Georges aus Karlsruhe. Am anderen Morgen geht jeder wieder seinen Weg.

Immer wieder erlebe ich es: Abends trifft man sich in den Herbergen, redet miteinander, erzählt vielleicht von sich selbst und seinen Beweggründen, den Jakobsweg zu gehen, man verabschiedet sich nach dem letzten Schluck Rotwein, bevor man zu Bett geht. Vielleicht wird man sich wieder treffen, am nächsten Abend oder übermorgen irgendwo, wer weiß. Denn den Tag über läuft jeder für sich. Freilich gibt es Tage, da ist es anders.

Am Tag nach Vaylats holt mich Swenja ein, die ich seit Conques immer wieder mal gesehen habe. Sie erzählt von ihrer Hochzeit in Rom und der Audienz beim Papst für die Hochzeitspaare. Jeder auf dem Jakobsweg hat seine eigenen Geschichten, hat auch seine eigenen Beweggründe für diesen Weg. Manche gehen gemeinsam zu zweit oder dritt den Weg, mit dem Partner oder mit Freunden. Aber viele gehen bewusst allein. „Geh alleine! Du bist offener für andere, wenn du alleine gehst", war eine der Pilgerregeln von Märstetten. Vielleicht stimmt es. Man erzählt sich viel, wenn man sich als Einzelwanderer trifft auf dem Weg und wenn man eine gemeinsame Wellenlänge findet. Man erzählt einem fremden Menschen leichter etwas von sich selbst. Und der Weg ist lang.

Acht Kilometer vor Cahors, einer lebhaften Stadt mit südlichem Flair und einer grandiosen Brücke über den Lot, gibt es einen Sportplatz. Dort haben am Rand des Spielfeldes ein paar Hospitalières einen Picknickplatz für Jakobspilger eingerichtet. Tische und Stühle stehen bereit. Es gibt Toiletten, Wasser und eine Tasse Kaffee, auch Wein, wenn jemand danach zumute ist am Nachmittag. Einige, die in Vaylats übernachtet haben, kommen dort nach und nach zusammen. Man sitzt, ruht sich aus, redet und lacht. Es wird gerätselt, was die einzelnen denn wohl sonst in ihrem Leben machen, wenn sie nicht auf dem Jakobsweg sind. Von mir wird vermutet, ich komme sicher aus der Schweiz und sei Computerfachmann. Es gibt viel fröhliches Gelächter dort am Rande des Spielfeldes.

Gedanken in Labastide-Marnhac

Labastide-Marnhac – woher hat so ein Dorf seinen Namen? Ich sitze im Ortszentrum auf einer Bank neben einem Telefonhäuschen. Eine Frau kommt mit dem Auto gefahren, ihr Kofferraum ist voller Plastiktüten. Sie hat eingekauft. Sie steigt aus, kommt zu mir herüber und schenkt mir eine Tomate, einen Pfirsich, eine Nektarine – einfach so. Wer mit einem Rucksack unterwegs ist und auf einer Bank sitzt, kann kein schlechter Mensch sein. Ich komme ins Grübeln. Wenn du zu Fuß gehst, verändern sich die Begegnungen.

Verändert sich auch deine eigene Wesensart? Wer im Auto vorbei-
braust, ist schnell haltlos. An der Ampel wird er nervös. Wenn andere einen Fehler machen, wird er ungehalten. Wer seine schnelle
Fahrt aufhält, ist ein Idiot. Schläft der? Im Auto schimpft man
schnell laut vor sich hin. Zu Fuß hast du Zeit. Zeit für wirkliche
Begegnung. Du brauchst viel länger, du musst dich nirgendwo vor-
drängen. Du hast Zeit, und du hast Platz. Und wer dir begegnet, ist
nicht dein Feind, sondern ein Mensch wie du.

Ein Sonntag in Moissac

Es sind nur 16 Kilometer bis Moissac, eine kleine Etappe an diesem
Sonntag. Und es ist drückend heiß, seit ein paar Tagen schon. Wer
klug ist, steht zeitig auf und wandert in den kühlen Morgenstunden.
In einem ehemaligen Karmeliterkloster ist ein Gîte, eine Herberge,
eingerichtet, die von Freiwilligen betreut wird. Ich bin schon kurz
vor halb eins in der Mittagszeit dort, viel zu früh, denn kein Mensch
öffnet auf mein Klingeln. Also setze ich mich erst einmal in den Hof,
setze meinen Rucksack ab und schau mal nach, was es noch zu essen
gibt. Irgendein Wurstzipfel, Brot und Obst oder ein paar Nüsschen
und Kekse finden sich normalerweise immer.
„Vous avez vous s'installé?" rufen zwei Frauen plötzlich. „Sie haben
sich schon eingerichtet?" Es sind die Hospitalières, die als Freiwillige
an diesem Tag für die Versorgung der Pilger eingeteilt sind. Sie weisen mir ein Zimmer zu – ein Zimmer ganz für mich allein, das ist ein
besonderes Geschenk für den Jakobspilger. Die Zimmer haben alle
einen Namen und heißen „Aubrac", „Le Puy" oder „Cahors". Meines heißt ausgerechnet „Santiago". „Sie sind schon angekommen",
lacht die junge Frau, die mir den Schlüssel gibt. Angekommen in
Santiago! Auf meinem Plan schaue ich nach: Es sind noch rund 1200
Kilometer. Was für ein Weg!
Moissac war im Mittelalter eine wichtige Station auf dem Jakobsweg,
lese ich in meinem kleinen Führer, die Abteikirche Saint-Pierre und
der Kreuzgang werden von der Unesco zum Weltkulturerbe gerech-
net. Ich sitze den ganzen Nachmittag im Kreuzgang. Um ein Haar

wäre er vor hundert Jahren abgerissen worden, weil er der Eisenbahn-linie im Weg war. Aber kluge Menschen mit Gespür haben es glück-licherweise verhindert. Man hört die Züge hinter dem Kreuzgang vorbeirauschen von Zeit zu Zeit. Eine Führerin erklärt mit leiden-schaftlichen Bewegungen ihrer Arme einer Reisegruppe die architek-tonischen und theologischen Einzelheiten in französischer Sprache. Sie schreitet von Kapitell zu Kapitell, weist auf Feinheiten hin, ist sel-ber voller Begeisterung. Die Reisegruppe wird immer müder.

Ich selber sitze in einer Ecke und versuche, mir das Leben in frühe-ren Zeiten in diesem Kreuzgang vorzustellen. Die Harmonie der Säulen, die Schönheit der Kapitelle, die Kathedrale mit dem wuch-tigen Turm, die uralte Lärche in der Mitte, es ist unbeschreiblich. Die Erklärungen der Reiseführerin, die unermüdlich weiterredet, verschwimmen zu einem fernen Plätschern. Auch das gelegentliche Rauschen vorbeifahrender Züge berührt mich nicht mehr. Ich bin angekommen, sitze und schweige. Ein herrlicher Sonntag.

Vier Schwestern vom Orden „Marie Mère de l'eglise" laden am Abend zur Vesper in der Abteikirche ein. Es sind nur eine Handvoll Leute da. Die Schwestern singen die Psalmen im Wechsel, sie füllen die Kirche mit ihrem Gesang. Ich bedanke mich am Ende bei einer der Schwestern für den Abendgottesdienst und ihren schönen Gesang. Die Schwester spricht deutsch. Sie lächelt freundlich, vor-nehm, zurückhaltend. „Die Kirche ist für diese Gesänge gebaut", sagt sie, „sie hat eine herrliche Akustik! Wir wollen das regelmäßige Gebet hier wieder einüben."

Draußen vor der Kirche sitze ich noch in der Abendsonne und esse eine Kugel Eis für einen Wahnsinnspreis von 2,50 Euro. Swenja kommt und kurz darauf Ute, die Norwegerin, die den ganzen Tag unterwegs waren. Sie sind beide todmüde nach der langen Wanderung in der brütenden Sommerhitze. „Du siehst ja sehr aus-geruht und entspannt aus", sagt Swenja, als sie mich auf dem Kirchplatz sitzen sieht. So ist es auch. Es war wirklich ein herrlicher Sonntag in Moissac.

Fischingen

Milchkannen an der Grenze zur Schweiz

Kreuz in Aubrac

Kreuz vor Conques

Die Valentré-Brücke in Cahors

Der Kreuzgang von Moissac

Glasfenster in Lectoure

Sonnenblumenfelder

„Der Hirte" in den Pyrenäen

Das einsame Pferd in den Pyrenäen

Passweg: Puerto del Perdón

Santa María de Eunate

Unterwegs mit Claudia

Bardame Regine

Ein Bier vor Burgos

Im Baskenland

Weg im Morgengrauen

Santiago de Compostella

Lectoure

Die Gascogne ist das Land der Sonnenblumen. Riesige Felder, ich kann mich nicht daran satt sehen und mache viel zu viele Fotos. Am Anfang sind die Felder grün, dann sind irgendwo einzelne gelbe Pflanzen aufgeblüht, irgendwann explodieren sie, strecken sich der Sonne entgegen. Ein Blütenmeer. Und an einem Regentag senken sie die Köpfe. Auf Französisch heißt die Sonnenblume „tournesol", erklärt mir Anne aus der Bretagne, weil sie sich – wörtlich übersetzt – der Sonne zudreht. Was für ein schöner Name. Was für ein schönes Bild, auch für uns Menschen: sich dem Licht zuwenden, dem Licht entgegengehen.

Aus den Sonnenblumenfeldern heraus erhebt sich die Kathedrale von Lectoure, eine der ältesten Städte im fruchtbaren Gebiet des Département Gers. Freundlicher Pilgerempfang in der Kathedrale: Ein paar Hospitalières, die freiwilligen Helfer, begrüßen dort am Nachmittag die Pilger und bieten ihnen Erfrischungen an, Saft und Kekse. Sie schicken mich zum „Accueil chrétien au presbytère" – im alten Pfarrhaus gegenüber der Kirche kann man auf Spendenbasis übernachten. Am Abend sitzen wir um den großen Tisch mit dem Pfarrer, einem älteren Herrn, der mit krächzender Stimme das Tischgebet spricht und dann alle auffordert zu erzählen, woher sie kommen. Ein Ehepaar hat eine Flasche Wein mitgebracht, weil es heute Hochzeitstag hat. Der Pfarrer hat neben sich ein dickes Etui liegen, verschlossen mit einem Reißverschluss. Ob das wohl seine Bibel, sein Gesangbuch, sein Brevier sei, frage ich ihn. Er lacht und öffnet den Reißverschluss: Nein, nein, es ist nur seine riesige Pillenschachtel mit Tabletten für Herz, Kreislauf, hohen Blutdruck. Allgemeine Heiterkeit am Tisch. Am Ende singen wir alle gemeinsam das Pilgerlied: „Tous les matins nous prenons le chemin … Jeden Morgen ziehen wir hinaus …" Frédéric, der junge Franzose, der im Pfarrhaus mitarbeitet, hat Gebete zusammengestellt, die er für die Pilger auslegt. Ob ich nicht auch ein Gebet in deutscher Sprache aufschreiben könne, fragt er mich vor dem Zubettgehen. Ich schreibe aus dem Losungsbüchlein der Herrnhuter Brüdergemeine:

„Gott, du liebst uns wie ein Vater,
du sorgst für uns wie eine Mutter.
Wie ein Bruder hast du unser Leben geteilt.
Wir bekennen vor dir, dass wir nicht fähig sind,
als deine Kinder zu leben,
als Schwestern und Brüder verbunden durch dasselbe Band der Liebe.
Wir erheben unsere Hände zu dir.

Gib uns den Mut, immer wieder aufzubrechen
und uns auf den Weg zu machen.
Gib uns die Gewissheit, dass du mit uns gehst
und dass wir niemals allein sind.
Gib uns die Hoffnung, dass dort, wo unsere Wege enden,
dein Weg weiterführt zum Ziel.“

Gebet für die Pilger. Gebet auch für mich.

Fernsehmesse

In Miramont-Sensacq im Gîte communal, der von der Gemeinde betriebenen Pilgerherberge, lerne ich Nicole und Gilbert kennen, ein fröhliches Ehepaar, das für zwei Wochen ehrenamtlich die Pilger betreut. Wir sind nur drei Gäste an diesem Tag, Gloria aus New York, ihre Tochter Amelie und ich. Nicole hat Spaghetti gekocht mit Tomatensoße, es gibt Salat, Käse und Nachtisch und natürlich eine Flasche Rotwein. Gilbert hat Zahnschmerzen, aber er und seine Frau freuen sich, dass wir gekommen sind, und wir verstehen uns prächtig. Ein paar Stunden zuvor haben wir uns nicht gekannt, nichts voneinander gewusst – und jetzt sitzen wir um einen gemeinsamen Tisch, verständigen uns mit Französisch, Deutsch und Englisch. Wunder der Gastfreundschaft!
Am anderen Tag ist Sonntag. Die Dorfkirchen sind offen – aber es ist nirgendwo ein Gottesdienst. Nach endlosen Sonnenblumen- und Maisfeldern – ein einsames Bauernhaus. Ein Schäferhund bellt an einer Kette. Fast bin ich schon vorübergegangen, da stürzt ein Mann

44

im Unterhemd aus der Tür, gestikuliert wild, winkt mir zu. Was will er denn? Er führt mich in sein Haus, zeigt auf den Fernsehapparat. Es wird gerade eine katholische Messe übertragen – es ist doch Sonntag. Ich verstehe – der Pilger soll Gelegenheit haben, an der Messe teilzunehmen. Der Mann im Unterhemd nötigt mich, Platz zu nehmen, dann geht er erst mal zum Schrank und holt eine Flasche Rotwein und zwei Gläser heraus. „A votre santé!"

Seine Frau kommt, eine kleine Dicke mit schmuddeliger Küchenschürze, ich stehe auf, will sie begrüßen und ein paar Worte mit ihr wechseln. „Scht! La messe", zischt er seine Frau an. Die Frau gibt ein paar Widerworte, und nach kurzem Disput rauscht sie davon und schlägt die Tür hinter sich zu. Mein Gastgeber ist unbeeindruckt, im Fernsehen wird gerade das Evangelium gelesen, er steht auf und bekreuzigt sich. Auch ich stehe auf und bekreuzige mich. Später die Einsetzungsworte zum Abendmahl, der Friedensgruß. Er kommt um den Tisch herum auf meine Seite und schüttelt mir fest die Hand. Und seine Frau? Ich deute auf die Tür. Er wehrt ab – die Frau kriegt keinen Friedensgruß! Im Fernsehen wird das Vaterunser gebetet, mein Nachbar zündet sich eine Zigarette an. Bei der Austeilung stellt er leiser, so, das war's!

Er zeigt mir ein paar Familienfotos, die an der Wand hängen. Der Großvater – gefallen im ersten Weltkrieg. Endlich taucht auch die Frau wieder auf. „Vous voulez manger avec nous?" Nein, ich will nicht zum Essen bleiben, der Weg ist noch weit. Aber wie wäre es mit einem Erinnerungsfoto? „Sous la vierge", sagt die Frau strahlend. Unter der Jungfrau Maria, die in Gips auf dem Kaminsims steht, möchte sie gern fotografiert werden. Der Mann im Unterhemd verschwindet im Nebenzimmer und holt seine Baskenmütze. Wenn schon Foto, dann aber mit allen Schikanen!

Parallele Wanderung und unverhoffte Begegnung

In Uzan übernachte ich in einem alten leerstehenden Bauernhaus, das einmal von Familie Péranaud bewohnt worden war. Offener Kamin, alte Schränke, ein großer Tisch und vergilbte Familienfotos an den

Wänden. Eine Frau kommt und kassiert zehn Euro für meinen Schlafplatz, vielleicht die Tochter oder Schwiegertochter der früheren Bewohner. Den Namen der Familie finde ich auf dem kleinen Dorffriedhof nebenan. Abends vor dem Haus sitzend, versuche ich mir vorzustellen, wie das Leben in diesem Haus wohl ausgesehen haben mochte vor Jahren und Jahrzehnten. Kinderlachen, die Kuh im Stall, der Topf auf dem Herd, der Großvater im Lehnstuhl mit einer Pfeife im Mund, Freude und Leid, vielleicht über Generationen hin. Nun steht das Haus leer, stumm, vergessen die Geschichten, die sich darin zugetragen haben mochten, nichts bleibt wie es ist. Die Vergänglichkeit – in solchen Augenblicken ist sie mit Händen zu greifen.

Im Morgengrauen packe ich meinen Rucksack, es ist halb sieben und noch nicht einmal richtig hell. Irgendetwas treibt mich weg von diesem leer gewordenen Haus. Frühstück? Erst mal eine Bäckerei finden in dieser Gegend – zumal in Frankreich montags viele Läden geschlossen sind. Maisfelder, irgendwo ein paar Häuser, sonst nichts. Nach zehn Kilometern eine kleine romanische Kapelle aus dem 12. Jahrhundert, Chapelle de Coubin, und daneben Tisch und Bänke. In meinem Rucksack sind noch ein paar Kekse, und meine Wasserflasche habe ich morgens in Uzan frisch aufgefüllt. Also reicht es zu einem bescheidenen Frühstück.

Da kommt eine Frau des Weges – und wir erkennen uns sofort. Es ist Claudia aus München. Vor sieben Wochen oder anders gesagt vor rund tausend Kilometern haben wir schon einmal zusammen gefrühstückt, im Kloster der Zisterzienserinnen zu Romont. Und nun ein Wiedersehen. Wir vergleichen unsere Wege und stellen fest: Sieben Wochen sind wir praktisch parallel hinter- oder voreinander her gelaufen, ohne uns ein einziges Mal zu treffen. Es tut uns beiden gut, mit jemandem in der eigenen Sprache zu sprechen, wir verstehen uns. Und aus einem gemeinsamen zweiten Frühstück an der Chapelle de Coubin werden zwei gemeinsame Wochen auf dem Jakobsweg. Als wir uns viel später in Burgos voneinander verabschieden, geschieht es nicht ohne eine Spur von Wehmut. Aber wir wollen den Jakobsweg jeder für sich allein beenden, so wie wir ihn angefangen haben, dankbar für das gemeinsame Wegstück und mit der gegenseitigen Adresse im Rucksack.

Ein baskischer Abend

Vor der Herberge in Sauvelade sitzt ein deutscher Radfahrer in einem gelben Trikot und trinkt ein Bier. Er freut sich, dass er mit jemandem deutsch reden kann und möchte seinen Frust loswerden. Seit Hamburg ist er unterwegs, viel zu viele Hügel, meint er, die Reise sei die reinste Plackerei. „Lass doch dein Fahrrad stehen und geh zu Fuß", rate ich ihm. „Du brauchst zwar länger, aber du siehst mehr!" Nein, jetzt will er's durchziehen. Aufgeben gilt nicht. Man will's ja auch hinter sich bringen.
Hinter dem Fluss Le Saison beginnt das Baskenland. Von den sieben baskischen Provinzen liegen drei in Frankreich. Zweisprachig sind jetzt die Ortsschilder, die Häuser sind mit großen Natursteinen gefasst, meist steht der Erbauer im Türsturz nachzulesen. Und auf den Friedhöfen sind die Grabsteine auf Stelen gestellte Scheiben.

Bei Ostabat treffen drei der vier Jakobswege Frankreichs zusammen, und in den Reiseführern kann man nachlesen, dass viele tausend Pilger schon seit dem 10. Jahrhundert hier vorbeigekommen sind und es früher zahlreiche Pilgerherbergen gab. Claudia und ich übernachten auf dem Bauernhof Gaineko-Etxea und erleben beim Abendessen einen unerwarteten baskischen Abend mit Musik. Die Bauersfrau versorgt die circa dreißig Gäste mit allem, was Küche und Keller bieten, ihr Ehemann unterhält sie alle währenddessen mit seinem Gesang. Alle müssen mitsingen, Zeile um Zeile singt der Wirt vor mit markiger, tiefer Stimme, klopft mit seinem Stab auf den Fußboden und dirigiert dann Tisch für Tisch, lässt auch wiederholen, wenn es nicht richtig klappt, denn die Franzosen können genauso wenig baskisch singen wie ich. Der Wein fließt in Strömen. Als Nachtisch gibt es Käse mit Kirschmarmelade, eine Spezialität aus dem Baskenland. Und noch ein Lied und noch ein Lied.

KAPITEL IV.

Spanien

Das Ende der Stille in Roncesvalles

„Der Aufstieg von Saint-Jean-Pied-de-Port nach Roncesvalles ist sehr beschwerlich", lese ich in meinem kleinen Reiseführer. Und so rechne ich mit gewaltigen Anstrengungen beim Übergang von Frankreich nach Spanien, beim Überqueren der Pyrenäen. Aber alles halb so wild. Bei einem Anlauf von über 1000 Kilometern ist der Weg übers Gebirge ein Klacks! Natürlich geht es aufwärts, aber Schritt für Schritt geht es höher hinauf und die Aussicht wird grandios. Ich muss an Bruder Klaus denken im Ranft, dessen Kapelle in der Schlucht ich besucht hatte vor Wochen. Warum zieht er sich zurück in eine enge Schlucht? Mir schnürt die Enge die Kehle zu. Und umgekehrt: Wenn es hinauf geht und sich der Blick weitet, dann atme ich auf und fühle mich wohl. „Man merkt gar nichts von der Grenze", sage ich abends in der baskischen Pilgerherberge „Orisson" zu einer Lothringerin.

„Wir sind doch jetzt in Europa! Da gibt's keine Grenzen mehr. Ist das nicht wunderbar?", sagt sie. Ich spüre, dass sie Recht hat!

Roncesvalles ist ursprünglich eine Abtei, Kreuzgang und Kapitelsaal sind zu besichtigen. Die Pilger finden Unterkunft in einem kirchen-ähnlichen langen Gebäude der ehemaligen Abtei. 100 doppelstöcki-ge Betten stehen dort in einem riesigen Saal. Schnell und unkompli-ziert werden die Pilger auf die Betten verteilt. Du zeigst deinen Pil-gerpass, zahlst fünf Euro, bekommst deinen Stempel und ein paar freiwillige Helfer führen dich zu deinem Bett und erklären die Regeln: Um zehn Uhr wird die Tür zugemacht, da muss jeder im Bett sein, denn nach ein paar Minuten geht dann das Licht aus. Morgens um sechs Uhr geht es wieder an, dann hat man Zeit bis acht Uhr, um den Rucksack zu packen und wieder aufzubrechen. Ein Pilgermenü gibt es im Gasthaus gegenüber für acht Euro. Es gibt Fisch, sehr schmackhaft. „Sicher weil heute Freitag ist", mutmaßt Patrick aus Irland. Ich denke genauso. Aber später erzählen mir andere: Es gibt fast jeden Tag Fisch.

Im Kloster ist ein italienischer Reisebus mit vielen Frauen angekom-men. Sie tragen bunte Schürzen und haben die Haare zu Zöpfen gebunden und hochgesteckt, ein italienischer Frauenkreis mit lauter Landfrauen wahrscheinlich. Ein junger Priester ist auch dabei, gleich zu erkennen an seinem schwarzen Habit. Die Frauen überschwemmen das Café und den Andenkenladen, kaufen ein, was das Zeug hält: Postkarten, Kerzen, Marienbildchen, silberne Kreuze zum Umhängen. Der junge Priester ist am Verzweifeln: „Pronto, pronto, la missa!", ruft er ärgerlich und treibt die Frauen in die Kirche zum Gottesdienst.

Es ist viel los in Roncesvalles, Ausflugsverkehr, aber eben auch viele Pil-ger. Wo kommen die alle her? Vorbei sind die stillen Tage auf dem Ja-kobsweg, befürchte ich. Daran werde ich mich erst gewöhnen müssen! Um 20 Uhr ist die Pilgermesse in der Abteikirche. Die Madonna von Roncesvalles steht unter einem aufgespannten Dach hinter dem Al-tar, Glasfenster in einem Blauton hüllen die Kirche in ein geheimnis-volles Licht. Die Kirche ist voller Menschen am Abend, acht Priester ziehen ein, die Orgel tönt mächtig. Die Liturgie, die Predigt, alles in Spanisch. Ich verstehe kaum etwas und verstehe doch alles, was geschieht. Am Ende der Pilgersegen. Und vor dem Auszug der Priester natürlich das „Salve Regina". Viele können es auswendig mitsingen. Jetzt schnell ins Bett, bevor das Licht ausgeht.

Pilgersegen

Gott,
du hast Deinen Knecht Abraham
auf allen Wegen unversehrt behütet.
Du hast die Söhne Israels
auf trockenem Pfad mitten durch das Meer geführt.
Durch den Stern hast du den Weisen aus dem Morgenland
den Weg zu Christus gezeigt.
Geleite auch diese hier versammelten Gläubigen
auf ihrer Pilgerfahrt zum heiligen Jacobus.
Lass sie deine Gegenwart erfahren, mehre ihren Glauben,
stärke ihre Hoffnung und erneuere ihre Liebe.
Schütze sie vor allen Gefahren und bewahre sie vor jedem Unfall.
Führe sie glücklich ans Ziel ihrer Fahrt
und lass sie wieder unversehrt nach Hause zurückkehren.
Gewähre ihnen schließlich,
dass sie sicher das Ziel ihrer irdischen Pilgerfahrt erreichen
und das ewige Heil erlangen.
Darum bitten wir dich durch Christus, unsern Herrn. Amen

Ein Traum in Trinidad

Eine junge Musikerin will in unserer Kirche zu Hause in Mühlburg heiraten. Sie hat viele Gestaltungswünsche: Ein Chor wird singen, eine Sopranistin tritt auf und ein paar Freunde wollen die Fürbitten sprechen. Hatte sie nicht auch vor, selber ein Wort zu sagen im Gottesdienst? Ich blättere in meiner roten Trauagende. Alles ist durcheinander geraten. Die Orgel fängt schon an zu spielen. Und ich wollte doch noch vorher ein paar Absprachen treffen. Ich blättere und blättere, lauter Zettel in der Agende und ich verliere den Überblick.

Die Kirchentür steht offen. Draußen ziehen ein paar Jakobspilger vorbei mit ihren Rucksäcken. Sie singen das Jakobspilgerlied: „Ultreia, ultreia." Ein Hund bellt in der Ferne. Ach, denke ich, wie gern würde ich jetzt einfach mitgehen. Da wache ich auf. Ich liege im Etagenbett in Trinidad de Arre und habe alles nur geträumt. Ich bin wirklich auf dem Jakobsweg. Und der Hund bellt draußen im Garten. Er gehört einem jungen Pärchen, das gestern Abend noch angekommen ist in der Pilgerherberge.

Claudia und die Losungen

Glücklicherweise verlaufen sich die zahlreichen Jakobspilger, jüngere und ältere, nach Roncesvalles. Zwar ist die Einsamkeit vorbei und die langen menschenleeren Wegstrecken in Frankreich, aber auch in Spanien muss man nicht in Kolonnen gehen, wenn man nicht will. Die Markierung ist jetzt überdeutlich. Verlaufen kann sich jetzt endgültig nur, wer es absolut will. Große Wegweiser zeigen, wo es lang geht.

Wir sind im Baskenland. Die schmucken Dörfer sind blankgeputzt. Schöne alte romanische Brücken schwingen sich über die kleinen Flüsse, man kann sie nicht alle fotografieren. Und die Menschen sind freundlich, auch hier. Nach Pamplona: riesige Getreidefelder und brütende Hitze beim Aufstieg zur Passhöhe „Puerto del Perdón" mit vierzig gigantischen Windrädern, die dort zur Stromerzeugung aufgestellt sind. Irgendwo finden wir eine schattige Bank, Claudia und ich. „Es ist Sonntag", sagt Claudia. Ich frage sie: „Kennst du die Losungen?" Nein, kennt sie nicht. Ich greife in meinen Rucksack und hole das blaue Büchlein heraus mit den Losungen der Herrnhuter Brüdergemeine, ein Bibelwort für jeden Tag. Für diesen Tag steht das Wort zu lesen:

„Kommt her, höret zu alle, die ihr Gott fürchtet;
ich will erzählen, was er an mir getan hat!"

Dazu ein Wort von Traugott Hahn:

„Es ist ein entscheidender Unterschied, ob ich meine, dass blindes
Schicksal, unberechenbare Zufälle meinen Lebensweg formen, oder

ob mir im Glauben die Augen aufgegangen sind: Gott lenkt alles,
mein Weg ist schließlich immer SEIN Weg."

Wie sehen wir unseren Weg? Woher und wohin? Über ein Losungs-
wort kommen wir ins Gespräch. Natürlich ist die Losung nicht an
jedem Tag in gleicher Weise ansprechend. Es ist ein Wort, das uns
zufällt. Aber ein Gedankenanstoß ist es immer. „Was steht heute im
Losungsbuch?", wird mich Claudia noch ein paar Mal fragen in den
kommenden Tagen auf dem gemeinsamen Jakobsweg. Ich nehme
mir vor, ihr zu Weihnachten das Losungsbüchlein für's kommende
Jahr zu schicken.

Die Erfahrung der Stille von Eunate

Ein „absolutes Muss auf dem Jakobsweg" nennt mein kleiner
Reiseführer die Kirche von Eunate und er empfiehlt einen Umweg
von 3 Kilometern. Umwege überlegt sich, wer zu Fuß unterwegs ist.
Aber Eunate habe ich schon auf Bildern gesehen und scheint den
Umweg zu rechtfertigen.

Es ist früh am Morgen. In der Herberge gibt es Frühstück erst um 8
Uhr, aber solange will ich nicht warten. Also ohne Frühstück nach
Eunate. Das kleine Kirchlein liegt in der Morgensonne zwischen
schon abgeernteten Getreidefeldern, ein achteckiger Rundbau mit
einem grazilen Säulenumgang. An der Eingangstür steht in mehre-
ren Sprachen ein kleiner Text. Viele Menschen aus vielen Ländern
kommen in diese kleine Kirche, lese ich da, sie sind auf der Suche.
Hier in dieser Kirche können sie finden – Frieden mit sich selbst,
Frieden mit Gott: „In dieser tausendjährigen Kirche sind Sie kein
Fremder, denn Gott wartet hier mit seiner väterlichen Liebe auf Sie."

Licht fällt von Osten durch ein schmales romanisches Fenster, leise
Flötenmusik erfüllt unaufdringlich den Raum, einen Ort, an dem
Gott in seiner väterlichen Liebe auf uns wartet. Was für eine atem-
beraubende Vorstellung: ich werde erwartet. Man kann nicht anders,
als sich still hinzusetzen und zu schweigen.

Every day the same theatre in Cirauqui

Beim Wäschewaschen in der Auberge von Cirauqui lerne ich Antolin kennen. Antolin ist Baske. Er spricht kein Wort Englisch oder Französisch, von Deutsch ganz zu schweigen. Dafür kann er natürlich Spanisch, Baskisch, Katalan, aber das sind meine Schwachstellen. Dennoch haben wir keine Verständigungsprobleme, sondern verstehen uns sofort. „Jordi" bin ich für Antolin, so übersetzt er meinen Namen in Katalan. Er wandert mit seiner Frau, aber sie ist müde und schläft gerade. Typisch, meint Antolin, erzählt von seinen Kindern, seiner Arbeit, seiner Heimat.

Die Auberge ist gegenüber der Dorfkirche mit einem wunderschönen romanischen Portal. Leider ist die Kirche abgeschlossen. „Kann man nicht hineinkommen?", frage ich die Besitzerin der Auberge. „Jeden Abend um sieben Uhr ist Messe, da ist die Kirche offen. Die Messe ist kurz, sie dauert nur 20 Minuten." Und tatsächlich, so ist es. Der Pfarrer peitscht die Liturgie durch, die Gemeinde, vor allem ältere Frauen und wir, eine Handvoll Jakobspilger, hat kaum Gelegenheit, die liturgischen Antworten zu geben. Alles geht rasend schnell. Einsetzung, Friedensgruß, Austeilung – und Adiós! Am Ende schaue ich auf die Uhr, tatsächlich, es ist 20 Minuten nach sieben!

Antolin ist auch in der Messe mit seiner Frau Maria Angeles. Er will ein Foto vor dem Altar von uns und bringt seine Gefühle auf den Punkt: Wir sind „differente", verschiedene Länder, verschiedene Sprachen, aber „el corazón", unser Herz, hat einen Weg zueinander gefunden. Draußen vor der Kirche steht die Wirtin. „Tatsächlich, Sie haben recht gehabt, 20 minutos ..." „Every day the same theatre", sagt sie achselzuckend. Warum sollte sie da hin gehen? Ich verstehe, was sie meint.

Was treibt dich?

Wie kommt der Apostel Jakobus nach Spanien, noch dazu nach Galicien am Rande der damals bewohnten Welt, abseits aller Wege, nahe dem Ozean?

Jakobus soll vor seinem Märtyrertod im Jahre 44 nach Christus in Spanien das Evangelium verkündigt haben und dort auch begraben worden sein. Im Jahre 822, so erzählt die fromme Legende, sieht der Einsiedler Pelagius auf einem alten Gräberfeld ein Leuchten und Funkeln und entdeckt auf diesem „Sternenfeld" (campus stellae – Compostella)" das Grab des Apostels Jakobus. Damals, im 9. Jahrhundert waren die Mauren die Herren in Spanien, der Islam hatte in den zurückliegenden Jahrhunderten die iberische Halbinsel erobert.

Das Apostelgrab hatte unter diesen Umständen eine eminent politische Bedeutung. Nach der Überlieferung erschien im Jahre 844 Santiago – der Apostel Jakobus – den Kämpfern in der Schlacht von Clavijo in der Nähe von Logroño und führte das christliche Heer zum Sieg über die Mauren. Der „Reconquista", der Wiedereroberung des von den Mauren beherrschten Spanien, gab dieses Ereignis einen gewaltigen Impuls und ebenso dem Pilgerzug nach Santiago de Compostella. Die zahlreichen Pilger späterer Jahrhunderte wussten davon sicher nichts mehr. Sie nahmen den Weg auf sich in der Hoffnung auf Heilung an Leib oder Seele, eines Gelübdes wegen oder als Buße für begangene Sünden. Auch das ist lange her.

Was treibt die Menschen heute, auf den Jakobsweg zu gehen? Hinter Logroño steht auf einer Betonwand ein Text mit tausend Fragen:

„Staub, Schlamm, Sonne und Regen,
das ist der Weg nach Santiago,
tausende von Pilgern
und mehr als tausend Jahre.

Wer ruft dich, Pilger?
Welch geheime Macht lockt dich an?
Weder ist es der Sternenhimmel
noch sind es die großen Kathedralen,

weder die Tapferkeit Navarras
noch der Rioja-Wein,

nicht die Meeresfrüchte Galiciens
und auch nicht die Felder Kastiliens.

Pilger, wer ruft dich?
Welch geheime Macht lockt dich an?
Weder sind es die Leute unterwegs
noch sind es die ländlichen Traditionen,

weder Kultur und Geschichte
noch der Hahn Santo Domingos,
nicht der Palast von Gaudi
und auch nicht das Schloss Ponferradas.

All' dies sehe ich im Vorbeigehen,
und dies zu sehen ist Genuss,
doch die Stimme, die mich ruft,
fühle ich viel tiefer in mir.

Die Kraft, die mich vorantreibt,
die Macht, die mich anlockt,
auch ich kann sie mir nicht erklären.
Dies kann allein ER dort oben! (E.G.B.)

Jemand hatte darunter geschrieben: „Sicher, dass es ein ER ist?“ Daneben wieder von anderer Hand: „Wer wird denn so kleinlich sein?“ Bleibt die Frage, die hinter dem Text an der Betonwand steht: Was treibt die Menschen an, diesen langen Weg zu gehen? Tausend Menschen, tausend Antworten.

Begegnungen

Rolf ist im Ruhestand, ganz frisch. Er will sein Leben ordnen. In seinem Rucksack hat er einen großen, dicken, schweren, laut tickenden Wecker, den er jeden Abend aufzieht, damit er am anderen Morgen um sechs nicht verschläft.

Serge ist Franzose: „Je suis Français!" Er schleppt Plastiktüten und Säckchen mit sich herum. In jeder Herberge fängt er an zu kochen. Sogar einen kleinen Gaskocher hat er dabei, damit er sich unterwegs einen Kaffee brühen kann. Seine wichtigste Frage auf dem Weg heißt: „Où est la cuisine?" Wo ist die Küche?

Ein junger Mann aus Bamberg rauscht an mir vorbei. „Ich will bis Ende Juli in Santiago sein", sagt er, „das heißt, dass ich jeden Tag mindestens vierzig Kilometer schaffen muss, buen camino!" Und schon ist er weg. Peter aus der Schweiz geht immer nur drei Wochen. „Mehr kannst du doch gar nicht aufnehmen! Die vielen Kirchen, die Landschaft, Städte, Menschen. Ich muss meine Eindrücke dann erst verarbeiten" „So ein Unsinn", sagt ein bärtiger Kölner. „Ich laufe den Weg zum vierten Mal! Meine Frau sitzt am Schliersee! Für mich ist es diesmal der Abschied vom Camino".

Ein Berliner erzählt ungefragt gleich seine ganze Lebensgeschichte. Es sprudelt nur so aus ihm heraus. Als er am Abend in der Pilgerherberge mit seiner Frau in Deutschland telefoniert und ihm der Lärmpegel rundum zu laut ist, brüllt er so laut „Ruhe!" in den Saal, dass alle zusammenzucken. Ruhig wird es dadurch freilich nicht. Eine Französin schaut mich vielsagend an: „Oh, les Allemands", will sie mir wohl sagen. Sie ahnt nicht, dass ich auch ein Deutscher bin.

Ein dicker Ungar bricht jeden Morgen schon um fünf Uhr auf. Nachmittags liegt er dann schon um 15 Uhr in der nächsten Pilgerherberge und schnarcht wie ein wildes Tier. „Ich will nicht in der Nähe des Ungarn schlafen", sagt Ida, die Holländerin, die ganz allein schon seit Nijmegen läuft. „Der schnarcht Tag und Nacht, und ich kann kein Auge zutun!" Josef ist auch Ungar. Er schnarcht nicht, aber er verbindet unentwegt seine Füße. „What about your feet?", frage ich ihn, als ich ihn wieder mal vor einer Bar sitzen sehe. „I use it", sagt er nur: „Ich gebrauche sie."

Claude, ein Franzose, ist sehr kontaktfreudig. Überall knüpft er sofort Verbindungen, spricht mit jedem, als sei er schon lange mit einem bekannt. Einen ganzen Tag sind wir gemeinsam unterwegs, bringen uns gegenseitig deutsche und französische Begriffe bei.

Claude wandert von Le Puy bis Conques, weil er grad eine Woche Zeit hat. Mit dem Glauben hat seine Wanderung nichts zu tun. Seine Kinder sind getauft, sie gehen auch zur Kirche, freilich „irrégulier". So viel Französisch verstehe ich, um zu begreifen, wie das gemeint ist. Eine Handvoll Franzosen aus Paris versteht den Weg als Anleitung zum Gebet. Sie machen an jedem Wegkreuz kurz Halt, bleiben schweigend davor stehen und besinnen sich, ehe sie wieder laut und fröhlich weiterreden und weiterwandern.

Ein junger Belgier wandert allein. Er hat nur seine Gitarre dabei, ein paar Kleinigkeiten und etwas Wäsche in seiner Gitarrentasche. „Ich hab dich noch nie Gitarre spielen gesehen", sage ich zu ihm. Er antwortet: „Ich spiele nur, wenn ich ganz allein bin. Ich brauche die Gitarre, um mich auszudrücken. Sonst brauche ich nichts." Ein Däne leiht sich mein Blatt aus, auf dem die Steigungen des Jakobsweges eingezeichnet sind, und schreibt sie sich in sein Notizbuch. „You must not go this way with your head", sagt Ida zu ihm, „but with your heart!" Du sollst diesen Weg nicht mit dem Kopf, sondern mit dem Herzen gehen. „… and also with my feet", brummt der Däne, auch mit den Füßen, ja, damit natürlich vor allen Dingen! Aus Versehen kippt Ida ein ganzes Glas Rotwein auf die Höhenkarte, aus Versehen natürlich, aber zugleich wie zur Bekräftigung ihrer Meinung. In der Kirche in Molinaseca setzt sich ein Franzose ans Harmonium und spielt herzerweichend einen Choral. Am Ende singt er gar: „Ave Maria …" Ich staune, welche Gaben die Jakobspilger mit sich herumtragen außer ihrem Rucksack, ohne dass es gewöhnlich ein anderer wissen kann.

Zwei junge Mädchen aus der Eifel wandern ohne Gepäck. „Wir haben zwei Wochen Jakobsweg gebucht. Unser Gepäck wird von Hotel zu Hotel gefahren, wir haben nur einen kleinen Rucksack für unterwegs mit einem Picknick und einer Regenjacke", sagen sie. „Wir wissen schon, wo wir abends schlafen werden. Keine Suche, kein Stress, die reine Erholung." „Ich reserviere nie", sagt Claudia. „Das ist doch ein Widerspruch: auf dem Pilgerweg sein und dann sich total absichern. Irgendetwas findet sich immer."

„Vierzig Kilometer seid ihr heute gelaufen?", fragen zwei Saarländer in der Pilgerherberge in Trinidad de Arre. Sie sind sehr freundlich und laden uns zum Abendessen ein, das sie gekocht haben: Nudeln und gedünstete Gurken im Topf. „Viel zu viel für uns zwei!" Sie erzählen, dass sie nach 15 Kilometern schon fix und fertig seien und holen sich erst mal ein Bier aus dem Kühlschrank, dann noch eins und noch eins. Aber da schlafen die Jakobspilger längst.

Rotwein und Salve Regina

Eines der ältesten Klöster Navarras ist das Kloster Irache am Fuß des mächtigen Berges Montejurra. Mein kleiner Reiseführer schwärmt vom Renaissancekreuzgang, und ich möchte das Kloster gerne sehen. Das Problem: Zwischen 13 und 17 Uhr ist es wie viele Kirchen, Klöster und Museen in Spanien geschlossen. Für Fußwanderer bedeutet dies: Entweder ist man morgens schon da oder man muss in der Nähe übernachten. Und noch ein Problem: Unmittelbar unterhalb des Klosters ist eine große Weinkellerei angesiedelt, die für vorbeiziehende Pilger eine Wasser- und Weinquelle angelegt hat. Hier kann man kostenlos nicht nur Wasser, sondern auch Wein zapfen, jedenfalls so viel man trinken kann. Eine Gruppe junger Leute mit zwei Gitarren hat sich dort gelagert. Sie sitzen hier bereits vier Stunden, erzählen sie. So lange will ich nicht bleiben, und auch der gute Rotwein kann mich nicht fesseln – zu sehr zieht mich der versprochene Renaissancekreuzgang bergan. Als ich am Kloster ankomme, ist noch eine halbe Stunde Zeit. Der Kreuzgang ist wunderschön. In der gewaltigen Kathedrale lärmen ein paar Japaner und ihr französischer Reiseführer. Als sie abgezogen sind, ist es ganz still. Ich singe „Jubilate Deo" und von der mächtigen Kuppel schwingt das Echo zurück, die ganze Kirche scheint voll Gesang zu sein. Am Ende kommt ein Spanier angerannt. „Bravo!", sagt er und will mit mir das Salve Regina singen. Natürlich setzt er voraus, dass ich den Text auswendig kenne, sofort stimmt er an. Ich tue mein Möglichstes und so erklingt im Kloster Irache wohl zum ersten Mal in seiner jahrhundertealten Geschichte ein „evangelisches" Salve Regina.

Freundliche Wegweisung in Villamayor de Monjardin

Jan ist Holländer. Er betreut mit anderen zusammen die kleine Pilgerherberge in Villamayor. Er macht es einen ganzen Sommer lang – unentgeltlich. „Warum machst du das?", frage ich ihn. „Wir wollen den Pilgern hier einen Ort zum Rasten anbieten. Und wir wollen ihnen auch Orientierung anbieten, ihnen einen Weg zeigen." „Gehört ihr einer bestimmten Kirche an?" „Ich bin evangelisch. Andere von uns sind katholisch. Aber ist das wichtig? Das spielt doch gar keine Rolle auf dem Weg nach Santiago – und auch sonst nicht."

Eine Krankenschwester aus Holland ist die Köchin in Villamayor. Sie hat zwei Wochen ihres Jahresurlaubs für diese Aufgabe eingesetzt und an diesem Abend neben Salat Hähnchen mit Bratkartoffeln und Apfelbrei vorbereitet und zum Nachtisch Kuchen gebacken für die rund 20 Pilger. „Wir sprechen verschiedene Sprachen", sagt Jan vor dem Essen, „aber ein bisschen Englisch verstehen wir sicher alle. Deshalb will ich ein Gebet in Englisch sprechen, bevor wir essen."

Nach dem Abendessen gibt es ein Geschenk für die Pilger: das Johannesevangelium in der eigenen Muttersprache. „John is the brother of James", sagt Jan. Johannes ist der Bruder von Jakobus, er kann uns in seinem Evangelium sagen, worauf es ankommt und was auch für James, Jakobus, Santiago das Wichtigste war. „Ihr könnt es nachlesen in Johannes 14, Vers 6. Das ist unser Motto hier in Villamayor." Ich ahne, welche Stelle er zitiert hat. Dann verteilt er das Evangelium. „Es ist sehr leicht! Und es passt sicher noch in euren Rucksack.", sagt Jan. Nur für das japanische Pärchen hat er kein Evangelium in ihrer Landessprache. Aber die beiden sprechen Gott sei Dank ja Englisch!

Siempre musica classica

In Ventosa herrschen klare Regeln in der Pilgerherberge. Der Hospitalero gibt mir gleich bei der Ankunft eine Mappe in die Hand, in der in mehreren Sprachen zu lesen ist: Abends um zehn Uhr wird geschlafen. Morgens um sechs Uhr Wecken mit klassischer Musik. Musica classica. Der Hospitalero ist ein Freund klassischer

Musik, auch am Abend läuft schon dezent Vivaldi im Hintergrund. Er weist mir ein Bett zu, nein, nicht dort, diese Betten werden als letzte belegt, denn das Dach ist an dieser Stelle undicht, und wenn es regnet, dann wird auch das Bett nass. Am späten Abend sind freilich auch die gefährdeten Betten belegt, aber glücklicherweise bleibt der Regen in dieser Nacht aus. Am anderen Morgen um sechs Uhr geht das Licht an und aus den Lautsprechern im Haus erklingt Händels Messias. In mir erzeugt dies ein wohliges Gefühl, am liebsten möchte ich liegen bleiben und einfach zuhören. Aber der Hospitalero steht schon unter der Tür: „Buenos dias!" Beim Frühstück drückt er uns Jakobspilgern wieder eine Mappe in die Hand, in der zu lesen ist: „Ein Tourist fordert, ein Pilger dankt. Alle sind aufgefordert, das Kaffeegeschirr nach dem Frühstück abzuwaschen und wegzuräumen" – und das alles in verschiedenen Sprachen, sogar auf Japanisch oder Chinesisch, damit es für alle klar ist!

Ein junger Italiener meint schmunzelnd, dass er sich ein wenig an seine Militärzeit erinnert fühle. Immer wenn der Hospitalero an ihn herantrete, erschrecke er und überlege sich, ob er vielleicht etwas falsch gemacht habe. Ein Jakobspilger aus Burghausen meint: „Musica classica, siempre musica classica, das läuft hier den ganzen Tag. Wenn das nicht grade der eigene Musikgeschmack ist, grenzt das schon an Folter!" Aber mir gefällt's!

Heilsame Unterbrechung in Rabanal

Angeles, eine Spanierin, erzählt mir eine Geschichte: „Ein Mann wandert durch die Wüste. Er sieht eine Oase. Er beginnt zu laufen, dann zu rennen, schneller und immer schneller, um sie zu erreichen. Aber er erreicht sie nie. Er überanstrengt sich und bricht zusammen. Nimm dir Zeit." Ich hatte ihr erzählt, dass ich seit Mai unterwegs wäre und dass es nach so vielen Wochen endlich Zeit sei, anzukommen. Nein, keine Hetze, sagt Angeles. Mach dir nicht so viele Pläne, habe Mut innezuhalten. Lass dich nicht anstecken von der Hetze morgens um fünf Uhr, wenn die Pilgerhandys klingeln in den Schlafsälen und viele aufbrechen mit Taschenlampen, als ob sie auf der Flucht wären. Nein, das habe ich nie mitgemacht. Es reicht, um sechs Uhr aufzustehen und um halb sieben loszulaufen und dann nach acht oder zehn Kilometern irgendwo einen Kaffee zu trinken, ein Croissant zu essen in irgendeiner Bar am Weg. Es ist zehn Uhr am Vormittag. Ich bin 12 Kilometer gelaufen und sitze im Halbdunkel der kleinen Kirche in Rabanal del Camino. *„Willkommen in Rabanal del Camino!"* steht auf einem grünen Zettel, auch in deutscher Sprache, der in der Kirche aufliegt.

„Willkommen, liebe Pilgerin, lieber Pilger!

Gerade bist du in Rabanal del Camino angekommen. Die Mönche vom Kloster Monte Irago folgen hier der Regel des heiligen Benedikt. Wir öffnen euch, Pilgerinnen und Pilger, nicht nur unsere Haustür, sondern auch die Türen zu unseren Herzen. Wir bieten euch das Beste an, was wir haben: das Gebet und die Vertiefung der spirituellen Erfahrung auf dem Pilgerweg, einem Weg nicht zu einem bestimmten Ort, sondern vielmehr zu DEM, der immer schon auf uns wartet.

So sagt der heilige Anselmo:

Oh Mensch, elend und schwach, lass deine
gewöhnlichen Sorgen einen Moment hinter dir.
Komm einen Augenblick zu dir, weit weg vom
Sturm deiner Gedanken.
Lege deine Sorgen ab, nimm Abstand von der ruhelosen Arbeit.
Suche für einen Augenblick Gott.
Wenn du willst, ruhe eine Weile in seinem Schoß aus.
Tritt ein ins Heiligtum deiner Seele.
Nimm von allem Abstand außer von Gott und
den Dingen, die dir helfen können, IHN zu erreichen.
Suche IHN in der Stille deiner Einsamkeit.
Wir laden dich ein, diesen Tag mit uns zu verbringen:
auf der Suche nach Christus, in Gott, unserem Vater,
mit der Kraft des Heiligen Geistes."

Ich schlage meinen kleinen Reiseführer auf, dort hatte ich mir zurechtgelegt, wie weit ich auf der letzten Etappe an jedem Tag kommen und wann ich in Santiago sein möchte. Es ist zehn Uhr – viel zu früh, um schon irgendwo zu bleiben. 12 Kilometer an einem Tag – so wenig war ich noch nie gelaufen. Aber dann bleibe ich, beziehe später ein Bett in der Pilgerherberge Gaucelmo gegenüber der Kirche, sitze im Garten und lese das Johannesevangelium, das mir Jan, der Holländer, geschenkt hat, bete die Vesper mit und am späten Abend die Komplet. Christine, die ich an diesem Tag in Rabanal kennenlerne, sagt zu mir: „Man soll sich nicht so viele Pläne machen. Ich bin den Jakobsweg gelaufen, und erst als meine ganzen Pläne durcheinander kamen, wurde es richtig spannend.“

Der Stein – vom Loslassen und Annehmen

„Ein neuer Tag. Heute, liebe Pilgerin, lieber Pilger, erwartet dich die Überschreitung des Monte Irago. Du erreichst das Cruz de Ferro, das Eisenkreuz, wo du der Tradition gemäß einen Stein ablegen kannst. Wenn du willst, kannst du zuvor beim Morgengrauen die Laudes, das Morgengebet, mit uns feiern. Es ist schön, die ersten Lichtstrahlen des Tages durch die romanische Apsis der Kirche fallen zu sehen.“

So steht es auf dem grünen Zettel der Mönche von Rabanal. Und so habe ich es vor an diesem Tag. Die meisten Pilger sind längst aufgebrochen, als ich um 6.45 Uhr frühstücke. In der Pilgerherberge Gaucelmo haben die freiwilligen Helfer Kaffee gekocht. Es gibt Brot, Butter, Marmelade, Milch. In der Kirche sitzen nur wenige an diesem Morgen. Ein Tag bekommt ein Gesicht durch das gemeinsame Gebet in der Frühe. „Umarme den Apostel Jakobus fest von mir“, sagt Christine, bevor sie mich selber umarmt und ich mich auf den Weg mache. Ich denke über jene alte Tradition nach, von der die Mönche von Rabanal auf ihrem grünen Zettel schreiben: einen Stein mitnehmen und ihn am Cruz de Ferro, dem Eisenkreuz, ablegen. Der Holländer fällt mir ein, dem ich vor Wochen in Frankreich begegnet bin und mit dem ich an einem Abend zusammen gegessen habe im Gîte von Montcuq. Er hatte mir von seinen beiden Söhnen erzählt. Der eine Junge war mit sieben Jahren ertrunken vor langer Zeit schon. „Ich habe seinen Namen auf einen Stein eingravieren lassen", hatte mir der Holländer erzählt. „Diesen Stein habe ich in meinem Rucksack und will ihn am Cruz de Ferro ablegen. Dann ist für mich der Weg zu Ende, der Rest ist Tourismus." Ich bücke mich und hebe selber einen Stein auf, wäge ihn in meiner Hand, denke nach über das Abgeben und über das Annehmen. Was möchte ich abgeben an Sorgen und Nöten und quälenden Fragen, an Last und Belastung? Was gilt es anzunehmen an Aufgaben und Verantwortung auf dem Lebensweg?

Der Stein in meiner Hand wird **mein** Stein. Ich wasche ihn an einem Brunnen am Wegrand. Oben am Pass lege ich ihn zu den vielen, vielen anderen Steinen und schon im nächsten Augenblick wird er einer von ihnen, ich kann ihn nicht mehr von den anderen unterscheiden.

Pilgermesse

In Triacastela ist Pilgermesse abends um 19 Uhr. Aber als ich dort auftauche, bin ich der Einzige und setze mich vorsichtshalber mal ins hintere Drittel der Kirche. Der Pfarrer kommt und steht hinter dem Altar. Er winkt mir nachdrücklich zu, bis ich nach vorne komme und ihm, bevor er zu predigen anfängt, sicherheitshalber zuflüstere: „I don't speak Spanish!" Macht nichts! Er winkt ab und mir zugleich freundlich zu. Glücklicherweise kommen jetzt doch noch ein paar andere Pilger, Franzosen vor allem, zwei Holländer, wenige Spanier. Der Pfarrer teilt Zettel aus mit einem Text, für jeden in seiner Sprache. Es ist sozusagen der Inhalt seiner wortreichen, langen Predigt:

„Was bedeutet der Weg nach Santiago?

Etwas im Bereich des geistlichen Lebens oder der Kultur?
Tourismus? Wanderlust oder Freizeitbeschäftigung? Sport?
Der Camino entstand aus dem Glauben unserer Vorfahren.
Dieser Weg ist nicht dazu da, um sich den Kopf zu zerbrechen

63

– er muss erlebt werden! Mancher Wanderer ist sich am Anfang
gewiss nicht bewusst, was er da tut, aber am Ende kommt er
vielleicht zur Erkenntnis seiner selbst und zur Erkenntnis Jesu.
Der Weg nach Santiago bedeutet: Gemeinschaft über die Grenzen
der Völker hinweg. Das schließt Überheblichkeit aus. Wir fühlen
uns alle hier als eine große Gemeinschaft, jeder ist ein Glied dieser
wandernden Gemeinschaft.
Der Camino ist ein Finden zu sich selbst, ein Sich-Öffnen
gegenüber dem Mitmenschen, ein Schmieden von Plänen,
eine Zeit, Fehler zu erkennen, eine Möglichkeit, zum Zeugen
für Jesus Christus zu werden.“

Schlussgebet und Segen teilen wir uns in Französisch, Holländisch, Spanisch und Deutsch. Ich darf für die anwesenden Deutschen – also für mich – die deutsche Fassung lesen.
Das Evangelium ist international, denke ich beim Hinausgehen und freue mich darüber. Das Problem der Pfarrer ist, dass sie meinen, sie müssten viele Worte machen. Auch das ist wohl international, merke ich an diesem Abend, und überlege, welche Konsequenzen ich für mich selbst daraus ziehen könnte.

Das kleine Compostella

Manchmal versuche ich mir vorzustellen, wie es früher war auf dem Jakobsweg. An einer jahrhundertealten Brücke, in einer alten Kirche, an alten Wegzeichen sinne ich darüber nach, wer hier alles schon vorbeigegangen sein mag. Wenn Steine erzählen könnten! Wie viele Geschichten, Abenteuer, wie viel Kummer wohl auch, Traurigkeit, Erwartung, Hoffnung. Es ist unvorstellbar! Wie war es damals, als es noch keine klare Wegmarkierung gab, keine Telefonverbindung nach Hause, kein Pilgermenü, keine Bar mit „café con leche“, dafür Räuber, die aus dem Nebel kamen? Für manche Pilger war der Abschied von zu Hause ein Abschied für immer, sie kamen nie in Santiago an, blieben auf der Strecke, starben an Krankheit unterwegs. In Villafranca del Bierzo steht am Ortseingang auf einem Hügel die

64

Santiagokirche, eine einstige Ablasskirche. Dort konnten todkranke Pilger, die zu schwach waren für den weiteren Weg in den galicischen Bergen mit La Faba und O Cebreiro, die Absolution empfangen, so als ob sie in Santiago gewesen wären. „Puerta del Perdón", die Tür der Vergebung, heißt deshalb das schöne romanische Portal dieser Kirche, und Villafranca del Bierzo hat den Beinamen „das kleine Compostella", nicht nur wegen seiner vielen Kirchen, sondern wohl in erster Linie wegen dieser hier zugesprochenen Vergebung.

Heute sitzt Oskar, ein junger Spanier, in der Santiagokirche. Er ist angestellt – nicht um Vergebung zuzusprechen, sondern um die Besucher der Kirche zu fragen, woher sie kommen, um dann einen Strich zu machen auf seiner Strichliste. Als Oskar merkt, dass ich aus Deutschland bin, fängt er zu schwärmen an: er sei selber vor Jahren in Deutschland gewesen, und er stellt sich vor, dass man dort leichter eine Arbeit finden würde als hier in Villafranca, wo er die Strichliste führen muss. „Beten Sie für mich in Santiago", sagt er flüsternd, als ich gehe, „dass ich eine richtige Arbeit bekomme!"

Mörike und der Frühling

La Faba ist das letzte Dorf vor dem Cebreiro, der Passhöhe und dem ersten Ort in Galicien. Viele werden wohl diese letzte Hürde in früheren Zeiten nicht mehr geschafft haben. Deshalb heißt es in einem mittelalterlichen Pilgerlied von La Faba:

„do leidt vil manches bidermans kyndt
aus teutschem Llandt begraben."

Als ich in La Faba ankomme, ist es gerade 14 Uhr und die Sonne scheint. Die Tür zur Dorfkirche steht weit offen und ebenso die Tür zur schönen Pilgerherberge gegenüber, die von der deutschen Jakobusgesellschaft „Ultreia" angelegt und unterhalten wird. „Komm rein, junger Mann, und setz dich!", ruft mir jemand auf Deutsch zu – und ich fühle mich angesprochen. Lothar ist der Hospitalero, er kommt aus Köln, ist schon 72 und mit Leib und Seele bei der Sache. Meinen Pilgerpass, der mittlerweile voller Stempel ist, betrachtet er ausgiebig und voller Interesse: „Ach, in Durfort Lacapelette hast du auch übernachtet – hat dir der Wirt auch gleich ein Glas kaltes Wasser angeboten?" Als Lothar erfährt, wo ich herkomme, wird er noch leidenschaftlicher: „Schau dir mal die Hausordnung an – die in deutscher Sprache", sagt er, und ich lese: „Schwäbische Pilger, die eine Strophe aus dem Gedicht eines schwäbischen Dichters rezitieren können, schlafen in La Faba umsonst." Also versuche ich es mit Mörike:

„Frühling lässt sein blaues Band
wieder flattern durch die Lüfte;
süße, wohlbekannte Düfte
streifen ahnungsvoll das Land.
Veilchen träumen schon,
wollen balde kommen.
– Horch, von fern ein leiser Harfenton!
Frühling, ja du bist's!
Dich hab ich vernommen."

Lothar hat den Schluss mitgesprochen und macht mit einem roten Stift ein großes „S" hinter meinen Namen. „S" für Schwabe! Ich bin zwar ein Badener, aber das wollen wir nicht so eng sehen, und ich nehme mir vor, am Abend das Glas zu heben auf meinen alten längst verstorbenen Deutschlehrer in der Schule in Eberbach, der uns damals noch Gedichte hat auswendig lernen lassen!

Andere haben es nicht so einfach an diesem Tag, auch wenn sie aus Baden kommen. Angy und ihr Sohn Philipp haben ihre Rucksäcke mit dem Auto transportieren lassen zum Cebreiro, weil sie die Schlepperei auf die Passhöhe umgehen wollten. „Wo ist denn euer Rucksack?", fragt Lothar streng. „Wir sind eine Pilgerherberge und kein Hotel! Wer sich's leicht macht, muss warten bis heute Abend um 10, ob dann noch Betten frei sind. Ihr könnt ja eure Säcke holen oben am Cebreiro und dann wieder kommen." Angy und Philipp können nicht mehr weiter, sie setzen sich in den Schatten und später zum Abendessen in die kleine Dorfkneipe von La Faba. „Sei nicht so streng zu der Frau", sage ich zu Lothar, als die beiden draußen sind.

Er schüttelt den Kopf: „Ich lass sie ja schon übernachten, aber sie sollen nicht denken, der Jakobsweg sei ein Sonntagsspaziergang für schlappe Touristen" Am Abend gibt es ein Bett für Angy und ihren Sohn. Aber ein „S" hinter dem Namen bekommen sie nicht, obwohl sie aus Baden sind und vielleicht auch ein Gedicht aufsagen könnten.

Galicische Impressionen

In Galicien ändert sich die Landschaft. Grüne Hügel, viel Nebel und mehr Regen als bisher. Vor den Römern siedelten die Kelten in Galicien, der Dudelsack, Hexenglaube und manche Traditionen werden darauf zurückgeführt. Der Cebreiro ist völlig in Nebel gehüllt, auf den Wegen Kuhkacke überall. In der Ferne singt ein Mann eine herzzerreißende Melodie, die in Fetzen durch den Nebel dringt. Ich verstehe, dass hier andere Traditionen lebendig sind als im sonnenverbrannten Kastilien um Burgos und Leon.
Frühmorgens in einer kleinen Bar hinter San Xil. Draußen ist es frisch, an den Tischen sitzen die Jakobspilger, die aus dem Nebel kommen. Der Mann hinter der Theke hat die Ruhe weg: Er widmet sich jeder Tasse „café con leche", als sei sie ein Kunstwerk. Ich warte geduldig, bis ich an der Reihe bin. So lerne ich Per kennen, den Dänen, der von Astorga nach Santiago wandert und dann weiter nach Lissabon will. Er wartet geduldig wie ich. In Galicien stehen Wegsteine, die die Kilometer bis Santiago anzeigen: Am Cebreiro sind es noch einhundertzweiundfünfzig. Mittlerweile sind es deutlich mehr Jakobspilger geworden, und es werden immer mehr. Viele junge Spanier sind in Gruppen unterwegs. Die Pilgerurkunde im Pilgerbüro in Santiago bekommt, wer mindestens die letzten hundert Kilometer zu Fuß zurückgelegt hat und es mit den Stempeln in seinem Pilgerpass nachweist. Überall gibt es Stempel: in jeder Bar, in den Herbergen, in den Kirchen, wo manchmal der Pfarrer sitzt und stempelt. Und die Betten in den Herbergen werden knapp.
Das wusste ich ja schon, viele hatten es erzählt und gewarnt: Besorge dir ein Bett, nach 14 Uhr kriegst du keines mehr! Die Jagd nach einer Unterkunft beginnt, viele brechen jetzt noch früher auf und

wirken wie Pilger auf der Flucht. Ich habe mir geschworen, dass ich diesen Zirkus nicht mitmache. Wer allein geht und nur für sich selber sorgen muss, der kann's ja auch drauf ankommen lassen. Notfalls kann man ja im Feld schlafen oder auch mal nachts laufen.

In Morgade ist eine schöne Herberge, erzählt mir jemand. Es ist kurz hinter dem Kilometerstein 100. Aber in Morgade ist kein Bett mehr frei. Macht nichts, gehe ich eben weiter bis Ferreiros. In Ferreiros ist auch nichts mehr frei. „Sie können auf dem Boden schlafen", sagt eine freundliche Dicke, die an der Tür sitzt und die Herberge verwaltet. Also gut, das geht ja auch, denke ich und stelle meinen Rucksack in eine Ecke. „Wo kommst du denn her?", fragt mich Luz, eine junge Spanierin. Ich erzähle von meinem Start am Bodensee. So ein weiter Weg? Sie bietet mir ihr Bett an, ich sei doch schon über 50, sie habe mein Geburtsdatum im Anmeldezettel gelesen und sie könne mit ihrem Freund zusammen in einem Bett schlafen. Viel Freundlichkeit auf dem Camino.

Psalmen und der lange Marsch

„Palas de rei" heißt Königspalast, aber im gleichnamigen Ort gibt es am nächsten Abend weder einen Königspalast noch ein Bett für Jordi, el peregrino – also für mich. „Wir sind schon seit 14 Uhr hier", sagen zwei junge Mädchen, „und jetzt ist es fünf, so spät gibt es nichts mehr." Weder in der Pilgerherberge noch in einer Pension oder im Hotel ist etwas zu finden. Also gehe ich weiter und lande nach ein paar Kilometern in der Auberge „Casa Domingo", einer Privatherberge, wo man für sieben Euro noch einen Platz für mich hat. Auf der Terrasse sitzt Per, der Däne, und lädt mich zu einem Glas Bier ein. „Please sit down", sagt er, „you are an old man", eine Anspielung auf Ferreiros, wo mir Luz ihr Bett angeboten hatte, weil ich doch schon älter sei.

Am kommenden Tag – in Arzúa beim Kilometerstein 38 das gleiche Bild: Nachmittags um 14 Uhr ist die Pilgerherberge schon „completo", ich sehe im Flur schon die zusätzlichen Matratzen herumliegen. Man könnte es vielleicht da oder dort versuchen, rät jemand. Aber da haben wir schon reserviert, sagt ein anderer. Will ich eigentlich in Arzúa bleiben? Was soll ich hier mittags um 14 Uhr? Einfach nur herumsitzen, wenn ich vielleicht ein Bett finde? Ich beschließe, erst mal weiterzulaufen. Irgendetwas ergibt sich. Kilometerstein 38 bis Santiago. In meiner Seitentasche ist eine kleine Karte, die mir die jungen Leute von „Fuente del Peregrino" geschenkt haben, der christlichen Herberge in Ligonde. Auf dieser Karte ist für jeden Kilometerstein ein Vers aus dem Psalm mit der gleichen Nummer abgedruckt. Was steht dort für Kilometer 38? Ein Wort aus dem 38. Psalm:

„Herr, du kennst all mein Begehren,
  und mein Seufzen ist dir nicht verborgen."
Ich arbeite mich vor. Psalm 36:
  „Denn in dir ist die Quelle des Lebens,
  und in deinem Lichte sehen wir das Licht."
Psalm 28:
  „Nun ist mein Herz fröhlich,
  und ich will ihm danken mit meinem Lied."
Psalm 25:
  „Herr, zeige mir deine Wege und lehre mich deine Steige!
  Leite mich in deiner Wahrheit!"
Bei Kilometerstein 23 spreche in den ganzen 23. Psalm vor mich hin, immer wieder, einen ganzen Kilometer weit:
  „Der Herr ist mein Hirte …"
Psalm 19:
  „Die Himmel erzählen die Ehre Gottes,
  und die Feste verkündigt seiner Hände Werk."
Die Sonne geht unter. Ich will den Monte do Gozo erreichen am Rande von Santiago, 800 Betten soll es dort geben, wenn nicht schon alles geschlossen ist bei meiner Ankunft. „Dónde está el Monte do Gozo?", frage ich zwei Frauen, die mir begegnen. Wo ist der Monte do Gozo, der „Berg der Freude", für müde Wanderer, Freudenberg, weil man von dort aus endlich das Ziel, Santiago, sehen kann? Die Frauen schauen mich ein wenig ratlos an. So spät noch unterwegs? Diese Richtung, zeigen sie, aber es sind noch über fünf Kilometer. Egal, jetzt eben weiter, jetzt keine Unterbrechung mehr.

69

Es ist viertel nach zehn Uhr abends, als ich endlich am Berg der Freude ankomme. Am Monte do Gozo ist keineswegs schon Ruhestunde. Gitarrengeklimpere, fröhliches Lachen, viele Leute. Ich überschlage die heute gelaufenen Kilometer. Es sind dreiundsechzig.

Santiago

Ein Gefühl von Stolz, von Freude, auch von ungläubigem Staunen erfüllt mich. Ich habe es geschafft! 2195 Kilometer zu Fuß. Ich sitze auf einem großen weiten Platz vor der Kathedrale von Santiago und kann es im Grunde nicht begreifen.

Ich habe es geschafft! Ich bin aus eigener Kraft, Schritt für Schritt, hierher gelaufen, fast ein Vierteljahr, Tag für Tag, manchmal 20 Kilometer, 30, 40, und am Ende, am vorletzten Tag, sogar 63 Kilometer an einem Tag. Ich habe den Weg „gefunden". Ich habe mich durchgefragt, habe geredet, ohne die fremden Sprachen wirklich zu beherrschen. Jeder Tag ein neuer Anfang, ein neuer Aufbruch. Jeden Tag habe ich in einem anderen Bett geschlafen. Mit wie vielen Menschen habe ich gesprochen auf dem Weg! Eigentlich ist das alles keine besondere Leistung. Jeder könnte sich auf den Weg machen. Aber ich bin den Weg gegangen. Ich habe es nicht verschoben auf den St. Nimmerleinstag. Ich hatte den Traum. Ich wollte den Weg gehen. Und ich bin ihn gegangen Ich habe nicht aufgegeben, obwohl mir manchmal danach war. Ich habe es geschafft.

Es war nicht immer einfach. Nicht dass die körperliche Anstrengung so groß gewesen wäre. Nein, jeder, der laufen kann, könnte den Weg gehen, wenn er die Zeit investieren würde. Schwer war etwas anderes: die Einsamkeit manchmal und die Länge des Weges.

Manchmal war ich sehr allein. Ich wollte allein gehen. Aber ich habe gespürt: Ich brauche die anderen Menschen. Allein bin ich nichts. Ich brauche ein Wort, jemanden, der mir manchmal zuhört, der mich ansieht, der mit mir spricht. Und dann die endlos lange Strecke, die

Vorstellung, in einem Monat bist du immer noch unterwegs, das hat mich hin und wieder in einen inneren Abgrund gestürzt. Ich habe versucht, mir darüber hinwegzuhelfen, indem ich mir immer erst mal ein kleines Ziel gesteckt habe. Ich gehe erst mal bis zur nächsten Kuh! Und dann wird man sehen. Step by step, Schritt für Schritt. So ging es. Ich habe es geschafft.

Um 12 Uhr ist die Pilgermesse wie an jedem Tag. Die Kathedrale ist voller Menschen. Als der Weihrauchkessel durch die Kirche geschwungen wird und alles aufsteht, viele ihre Fotoapparate zücken, bin ich zu meinem eigenen Erstaunen zu Tränen gerührt. Ich kann es nicht fassen. In Santiago treffe ich sie wieder, die Jakobspilger von unterwegs, nicht alle, aber immer wieder ein paar bekannte Gesichter.

Es ist ein freudiges Wiedersehen, es werden Adressen ausgetauscht. Per wartet auf mich („drinking coffee") mit seinem Fotoapparat im Anschlag: Er will mich fotografieren, wenn ich ankomme („waiting for Jürgen with my photo"). An der Ampel winkt mir Frédéric aus Frankreich zu, den ich vor 1000 Kilometer in Lectoure beim Abendessen getroffen habe. Axel taucht plötzlich auf, den ich ebenfalls wochenlang nicht gesehen habe. Und André, mit dem ich mich nur auf Französisch verständigen konnte auf dem Weg (und das bei meinem Französisch!), möchte noch ein Erinnerungsfoto machen in der Kathedrale – mit mir in der Kirchenbank. Es kommt mir vor, als ob ich in dieser fremden Stadt auf einmal viele Freunde habe.

Pilgerurkunde

Im Pilgerbüro reihe ich mich in die lange Schlange der Pilger ein und warte, bis ich an der Reihe bin. Ich zeige zum letzten Mal meinen selbstgebastelten Pilgerpass. Durch die vielen Stempel darin ist er nun von allein gültig geworden. „Sie kommen vom Bodensee?", fragt die junge Frau im Oficina de Peregrinos freundlich und blättert interessiert in meinem „Credencial de peregrino", wie der Pilgerpass in Spanisch heißt.

71

Sie betrachtet den Engel der Auferstehung auf der zweiten Seite von der Insel Reichenau und füllt dann die Urkunde aus:

CAPITULUM HUIUS ALMAE APOSTOLICAE ET METRO-
POLITANAE ECCLESIAE COMPOSTELLANAE SIGILLI
ALTARIS BEATI JACOBI APOSTOLI CUSTOS, UT OMNIBUS
FIDELIBUS ET PEREGRINIS EX TOTO TERRARUM ORBE,
DEVOTIONIS AFFECTU VEL VOTI CAUSA, AD LIMINA
APOSTOLI NOSTRI HISPANIARUM PATRONI AC TUTELA-
RIS **SANCTI JACOBI** CONVENIENTIBUS, AUTHENTICAS
VISITATIONIS LITTERAS EXPEDIAT, OMNIBUS ET SINGU-
LIS PRAESENTES INSPECTURIS, NOTUM FACIT DOMI-
NUM GEORGIUM BARTH HOC SACRATISSIMUM TEM-
PLUM PIETATIS CAUSA DEVOTE VISITASSE. IN QUORUM
FIDEM PRAESENTES LITTERAS, SIGILLO EJUSDEM SAN-
CTAE ECCLESIAE MUNITAS, EI CONFERO.

DATUM COMPOSTELLAE
DIE 5 MENSIS AUGUSTI
ANNO DOMINI 2006

„Das Kapitel dieser Heiligen Apostolischen Erzbischöflichen Compos-
tellanischen Kathedrale, Kustos des Siegels des Altars des Apostels St.
Jakobus, damit es allen Gläubigen und Pilgern, die, von überall her
kommend, mit Andacht oder auf Grund eines Gelübdes vor dem
Apostel Jakobus, unseres Schutzpatrons Spaniens, eine authentische
Urkunde des Besuchs ermögliche, beurkundet im Beisein aller, die die-
se Urkunde lesen möchten, dass Herr Georgius – Juergen – Barth der
Frömmigkeit wegen andächtig diese hochheilige Kirche besucht hat.
Im Vertrauen darauf überreiche ich ihm diese Urkunde, die mit dem
Siegel dieser Heiligen Kirche bekräftigt ist.

Gegeben in Santiago de Compostella
am 5. Tag des Monats August
im Jahre des Herrn 2006"

Und was bleibt von diesem Weg?

Was nehme ich mit? Welche Erfahrungen?

Zunächst einmal die Erfahrung, dass es zu Hause auch ohne mich geht. Ich bin nicht unersetzlich. Ich kann weggehen – und die Welt dreht sich weiter. Eine Entlastung. Ich gehe den Weg Tag für Tag, lese keine Nachrichten, schaue nicht fern. Auch die Fußballweltmeisterschaft geht völlig an mir vorbei. Und ich vermisse nichts davon. Ich muss nicht alles wissen, ich muss nicht alles lesen, nicht alles sehen, nicht alles begreifen. Ich bin einfach da, und vor mir ist der Weg, den ich gehe. Damit verbunden das andere: Ich bin aus der Rolle gefallen im wahrsten Sinne des Wortes. Der Pfarrer wird zum einfachen Wandersmann. Und auch das geht. Ich bin nicht nur jemand, weil ich der Pfarrer bin. Ich bin auch jemand, wenn ich einfach nur meinen Weg gehe. Und die Welt dreht sich weiter. Und ich bin dabei ein ganzer Mensch, ich bin nicht nur jemand, weil ich etwas Bestimmtes tue, kann, repräsentiere. Das hat mir gut getan.

Überhaupt: Das **Gehen** tut gut. In den Pilgerregeln heißt es: Wenn du nicht mehr weiter kannst, nicht mehr weiter weißt, geh einfach! Im Gehen klärt sich manches. Das ist eine große Wahrheit: Im Gehen klärt sich manches. Gehen ist besser als Sitzen und Grübeln. Gehen hat etwas Befreiendes. Du gehst und du tust etwas, es wird etwas anders durch das Gehen. Bewegung als Klärung.

Ich habe viel **Freundlichkeit** erfahren auf dem Weg. Es gibt viele freundliche Menschen auf der Welt, Menschen, die dir weiterhelfen, dir den Weg zeigen, ja, die manchmal ein Stück mitgehen. Ein Mann, den ich nach dem Weg gefragt habe, ist mit mir einen ganzen Berg hochgelaufen, um mir den richtigen Weg zu zeigen. Und als ich ihn darauf angesprochen habe, hat er gesagt: „Es ist heute Sonntag, ich habe Zeit." Was für eine noble Geste! Ich habe gestaunt über eine solche Haltung. Wie ist es möglich, die Menschen im wilden Hass gegeneinander aufzuhetzen, habe ich oft gedacht auf dem Weg.

Von Natur aus käme keiner auf den Gedanken, andere abzuschlachten. Wenn jeder nur einen Rucksack hätte und einen Wanderstab, wenn jeder spürbar die Wegweisung des anderen brauchen würde, es gäbe keinen Krieg!

Nicht alle Menschen sind freundlich. Aber man erträgt auch Unfreundlichkeit, wenn man sich klarmacht: Wer unfreundlich ist, wendet sich nicht gegen dich. Er hat zunächst einmal ein Problem mit sich selbst.

Gastfreundschaft – Mit anderen zu essen und dabei vielleicht sogar noch ein Lied zu singen, einen Psalm zu beten – hier öffnet sich eine Tür zum Himmel. „Möchten Sie mit uns essen?" Was für ein Satz! Die gemeinsame Mahlzeit ist nicht ohne Grund in der Gemeinde, in Bibel und Kirche ein Abbild des Paradieses. Wie oft war eine gemeinsame Mahlzeit auf dem Jakobsweg am Abend nach einem langen, einsamen Weg für mich ein Stück Glückseligkeit!

Was **Sprache** bedeutet, ist mir neu aufgegangen auf dem Weg. Es gibt Verständigung ohne Sprache. Manchmal trifft man jemanden und man spürt sofort: Wir verstehen uns, auch wenn wir uns sprachlich nur wenig zu sagen haben. Andererseits: Mit jemandem die gleiche Sprache zu sprechen heißt noch nicht, sich wirklich zu verstehen. Sprache zeigt mir unter Umständen, dass wir uns eigentlich gar nichts zu sagen haben. Und doch – wirkliche Gespräche sind nur möglich, wenn man sich gedanklich austauschen kann. Was für ein Wunder ist die gemeinsame Sprache, die so etwas ermöglicht! Es sind ganz verschiedene Menschen, die den Camino, den Jakobsweg gehen. Ich habe den Weg als ein verbindendes Element erlebt. Von Karlsruhe über Konstanz bis Santiago – bei allen Unterschieden, bei aller Unterschiedlichkeit die gleiche Kultur.

Der christliche Glaube in all seinen verschiedenen Ausprägungen als ein Band, das uns verbindet. Wir haben einen gemeinsamen Hintergrund, ja, einen gemeinsamen Grund, auf dem wir stehen, ob wir Deutsch, Französisch oder Spanisch sprechen oder welche Sprache auch immer. Die Lächerlichkeit konfessioneller Enge ist mir bewusst geworden. Das „Salve Regina" in der Klosterkirche zu Conques, die Schönheit der Kapitelle, die Harmonie im Kreuzgang zu Moissac, die Stille am frühen Morgen in Eunate führen heraus aus einem provinziellen Protestantismus oder einem engstirnigen Katholizismus mit all den damit verbundenen vordergründigen Fragestellungen. Aller Konfessionalismus wird belanglos angesichts des Sonnenaufgangs hinter Cirauqui.

Die Einfachheit zu leben aus dem, was in einem Rucksack ist. Es drängt dich nicht, viel einzukaufen oder Vorräte zu sammeln, wenn du alles tragen musst. Nie bin ich so leicht an Buchhandlungen vorbeigelaufen wie mit dem Rucksack auf dem Rücken. Vieles wird einfach und schlicht.

In den Gottesdiensten am Weg habe ich es neu erfahren: Es muss nicht viel gesagt werden. Es muss auch nicht immer alles gesagt werden. Das Evangelium ist ganz einfach. Die evangelische Kirche muss endlich herausfinden aus ihrem Wortfetischismus. Die katholische Kirche kann ihre Ängstlichkeit ablegen, sie verlöre die Kontrolle, wenn sie nicht allein die christliche Botschaft verkörpert. Wie stark ist die Stille in einer kleinen Kirche! Wie großartig kann die Musik von Gott erzählen! Wie beeindruckend ist die Treue einiger Menschen, die an einem Ort in Kontinuität die Psalmen beten!
Wo stehe ich selbst in meinem Leben? Diese Frage hat mich begleitet auf dem Jakobsweg. Gibt es eine Antwort? Das Wesentliche JETZT tun, es nicht auf irgendwann verschieben. Das Wichtige HIER tun und nicht irgendwo anders.

Was ich begriffen habe auf dem langen Weg:
Die Endlichkeit des Lebens erkennen.
Ja sagen lernen zur eigenen Endlichkeit.
Gehen können ohne das Gefühl zu haben,
das Wesentliche habe man gar nicht getan
oder verschoben oder nicht zu tun gewagt.

Einstimmen in ein größeres Ganzes, das wir alle nicht begreifen, sondern nur erahnen. Das Wunder der Gemeinschaft sehen lernen und sich daran freuen.

Die eigene Vergänglichkeit annehmen und sich freuen an der Schönheit und Weite der Schöpfung. Sensibel werden für das Geheimnis, dass Gott lebendig ist und uns umgibt und schließlich einstimmen in den himmlischen Lobgesang.

Ein Dankeschön

an meine Frau Brunhild, die mich in ihrer Großzügigkeit und ihrem Vertrauen Tag für Tag begleitet hat in Gedanken aus der Ferne.

Herzlichen Dank an die Spender und Sponsoren,
die diese Buchproduktion unterstützt haben:

Bäckerei Lörz • Rheinapotheke • Conrad Stein Verlag
Bestattungsinstitut Erb • Sparkasse Karlsruhe
Blumenfachgeschäft & Friedhofsgärtnerei Hannes Schulz
Rüdinger KG-Schmierstoffe
Anzeigen siehe Seiten 80 und 81

Zwölf praktische Tipps für den Jakobsweg

1. Geld
Es gibt in mittleren und größeren Ortschaften einen Bankautomaten. Man braucht lediglich eine EC-Karte. Ich habe in jedem Monat ungefähr 1300 Euro ausgegeben für Unterkunft, Verpflegung mit einer warmen Mahlzeit am Tag in einem Gasthaus und für alles Sonstige, von Telefonkarten und Briefmarken über Obst bis Schokolade, Zahnpasta und Sonnencreme.

2. Essen
In Frankreich bieten die Unterkünfte oft Halbpension an, in Spanien gibt es in vielen Orten am Weg Pilgermenüs zum Preis von acht bis 12 Euro. Verpflegung unterwegs: eine Dauerwurst, etwas Brot, Apfel, Paprika, Radieschen und vor allem eine Flasche Wasser.

3. Landkarten
Der Jakobsweg ist überall gut beschildert. Landkarten erübrigen sich.

4. Rucksack
Beschränkung auf das Nötigste: zwei Hemden, ein Pullover, eine lange Hose, Badehose, Funktionsunterwäsche, Strümpfe, Schlafanzug, Wanderschuhe und Sandalen, Taschenmesser, Regenjacke, Kugelschreiber, Ausweis, Waschzeug (zehn Kilo Gewicht sind genug).

5. Handy
Ich hatte kein Handy dabei. Vielleicht würde ich eines mitnehmen, wenn ich noch einmal gehen würde. Manchmal ist es schwer, unterwegs eine Telefonzelle zu finden, weil eben jeder ein Handy hat. Andererseits ist der Reiz der Reise ja gerade, dass man eine Zeitlang nicht erreichbar ist und auch nicht zu jeder Tag-und-Nacht-Zeit irgendwo anrufen kann.

6. Schlafsack
Ich benutzte zwei Schlafsäcke: einen Kunststoffschlafsack in den

ersten, kühleren Wochen, einen Leinenschlafsack für die heiße Zeit. Beides war notwendig.

7. Reiseführer

Die kleinen Reiseführer aus dem Conrad-Stein-Verlag (Outdoor-Reihe) genügen vollkommen. Dort finden sich Wegbeschreibung, Hinweise auf Übernachtungsmöglichkeiten und Sehenswürdigkeiten. Sehr wichtig: Diese Reiseführer sind strapazierfähig und man kann sie in die Hosentasche stecken.

8. Trinkwasser

Kein Problem: Vor allem in Spanien gibt es am Weg viele Wasserstellen, die oft auch angezeigt sind. Außerdem kann man unterwegs in den Dörfern einfach die Leute fragen, ob man bei ihnen die Flasche auffüllen darf.

9. Pilgerpass

Vor allem die Herbergen in Spanien erfordern einen Pilgerpass, den man am einfachsten über die regionalen Jakobsgesellschaften beziehen kann.

10. Pilgerstock

Der Stock war mir eine Hilfe: Stütze bei abschüssigem Gelände, er vermittelte mir ein Stück Sicherheit bei der Begegnung mit Tieren unterwegs, auch wenn ich ihn nie einsetzen musste.

11. Unterkünfte

In der Schweiz gibt es Bauernhöfe, die Übernachtungen im Stroh anbieten, daneben auch sogenannte „Backpacker-Unterkünfte" – einfache Zimmer für Rucksacktouristen. In Frankreich kann man meist in einem Gîte übernachten – einfache Herbergen mit Mehrbettzimmern. In Spanien bieten sich Pilgerherbergen an, die von Gemeinden eingerichtet oder auch kommerziell betrieben werden. Natürlich gibt es überall Hotels, allerdings ist das dann wieder eine ganz andere Art zu reisen und außerdem eine finanzielle Frage.

Engpässe bei Übernachtungsmöglichkeiten habe ich nur auf der letzten Wegstrecke (ab circa 200 Kilometer vor Santiago) erlebt. Aber selbst dort musste ich nie im Freien schlafen.

12. Foto

Ursprünglich wollte ich gar keine Fotos machen, um mich nicht damit zu belasten und unter dem Druck zu stehen, ständig herumzuknipsen. Ich habe trotzdem eine kleine Digitalkamera mitgenommen, die ich in die Brusttasche meines „Tageshemdes" (mit Reißverschluss) stecken konnte. Im Nachhinein bin ich froh darüber. Ich habe rund 2000 Fotos gemacht. Sie sind mir eine wichtige Erinnerungsstütze und ermöglichen es mir, auch noch nach Monaten „auf dem Jakobsweg zu gehen". Anfangs war ich zögerlich, unterwegs Menschen zu fotografieren, habe aber diese Scheu mehr und mehr verloren und oft gefragt: „Darf ich ein Foto machen?" Viele haben dann ebenfalls einen Fotoapparat herausgezogen und ein Erinnerungsfoto geschossen.

Wir sind stolz auf unseren
Pfarrer Barth
und gratulieren ihm ganz herzlich.

Wir wünschen ihm für die Zukunft
auf seinen weiteren Wegen
alles Gute.

Familie Erb
Trauerhilfe Erb